U0623717

企业经营
领导力法则

戴佳晋 著

中华工商联合出版社

图书在版编目（CIP）数据

企业经营领导力法则／戴佳晋著．—北京：中华
工商联合出版社，2020.10

ISBN 978－7－5158－2821－3

Ⅰ.①企… Ⅱ.①戴… Ⅲ.①企业领导学 Ⅳ.
①F272.91

中国版本图书馆 CIP 数据核字（2020）第 152849 号

企业经营领导力法则

作　　者：戴佳晋
出 品 人：刘　刚
责任编辑：胡小英
封面设计：子　时
版式设计：北京东方视点数据技术有限公司
责任审读：郭敬梅
责任印制：陈德松
出版发行：中华工商联合出版社有限责任公司
印　　刷：盛大（天津）印刷有限公司
版　　次：2020 年 10 月第 1 版
印　　次：2024 年 1 月第 2 次印刷
开　　本：710mm×1020mm　1/16
字　　数：150 千字
印　　张：12.25
书　　号：ISBN 978－7－5158－2821－3
定　　价：68.00 元

服务热线：010－58301130－0（前台）
销售热线：010－58302977（网店部）
　　　　　010－58302166（门店部）
　　　　　010－58302837（馆配部、新媒体部）
　　　　　010－58302813（团购部）
地址邮编：北京市西城区西环广场 A 座
　　　　　19－20 层，100044
http://www.chgslcbs.cn
投稿热线：010－58302907（总编室）
投稿邮箱：1621239583@qq.com

前言
Preface

传统观念认为，强势领导就是喜欢吹胡子、瞪眼睛、拍桌子，蛮横霸道。但经过观察发现，真正的强势领导办事雷厉风行、重制度、重体系、重结果！

领导的个人风格多种多样，强势的表现也多种多样，但强势领导的核心永远不变：内心坚定，决策果断，行动坚决。柳传志曾说，领导就是要做三件事：定调子，搭班子，带队伍。管企业和管机关在本质上没有太大的区别。领导无论级别高低、权力大小，其实质都应是权威的象征，具有受人钦敬和令行禁止的影响力，即具有旺盛的"人气"。如果领导"人气"不高，同级不亲、下级不敬，即使拥有领导的身份，也发挥不了领导的作用。

领导力是一个人拥有的能量，这种能量可以影响他人的行为，引领下属朝着特定目标努力——如果没有领导的指引，员工没有动力，就无法达成目标。那么，如何才能提高自己的领导力水平呢？

本书介绍了很多提高领导力的方法，比如勇于造梦、掌握战略原则、让员工信任你、提高执行力……为了更形象地说明问题，我们还选取了很多强势领导者的案例，或许你在里面也可以看到自己的影子。本书所介绍的方法真实具体，实践性强，如能举一反三应用，定能取得理想的效果。

强势领导力是一个领导者应该具备的能力，如果在管理工作中优柔寡断、唯唯诺诺，管理效果定然会大打折扣！以这本书为参考，你的领导之路将会走得越来越顺畅。

戴佳晋

2016年6月

目录
Contents

第八章
强势领导者要有超强的团队掌控力

一般领导力与
强势领导力

企业中，只要担任一定的管理职务，就应该具备一定的领导力。可是，具体到领导效果发挥的好坏，就要因人而异了。只有强势领导力，才能为企业创造出效益和利润！

利润及效益创造的根源是领导力

　　企业从事生产经营活动、向社会提供商品或服务，都是以盈利为目的的。利润是企业经营的目标，利润是企业经营的血液，强有力的领导力就是创造利润的有效保证。

　　说到领导者，史玉柱绝对是当今中国商界最具争议和最具传奇色彩的人物。

　　早年，史玉柱凭借巨人汉卡和脑黄金实现了迅速腾飞，后来却因巨人大厦而迅速坠落。经过几年的蛰伏之后，史玉柱依靠"脑白金"和"征途"重新崛起，史玉柱也因此被誉为当代中国企业界的传奇人物。

　　1997年巨人现金流断裂，负债2.5亿元的史玉柱离开广东。之后，史玉柱借款50万元开始筹划脑白金，带领着自己的团队，用了不到3年的时间，脑白金便成了家喻户晓的名词，史玉柱也重新站了起来，并还清了自己的全部债务。

不可否认，史玉柱的忍耐力超乎人们想象。从成功到失败，如此巨大的反差，相信一般人都承受不住心理上的打击，但就在人们都认为史玉柱不可能再成功时，他却用实际行动证明了自己，带领着自己的一队人马，凭着自己的执念，强势地东山再起。

管理是企业永恒的主题，是企业运行良好的重要保障；管理是否顺畅和有效直接决定着企业的工作流程，影响着企业的经济效益。领导者的超强领导力更是企业利润和效益的源泉。

在企业内部管理上，任正非的领导风格也是强硬的、务实的、低调的。

印度尼西亚M8项目是华为在海外的第一个融合计费项目。出于信任，客户把全网搬迁原有计费系统的项目交给了华为，但他们提出了自己的要求：要在六个月内交付使用。这个时间只是常规期限的一半。

面对如此艰巨的任务，不管是一线工作人员，还是总部支持团队，大家都在心理上承受着巨大压力。为了搞清楚客户的真正需求，诸如哪些是最重要的需求、哪些是最紧急的需求、哪些是不必要的功能等，华为前后派去四五批研发专家团到现场与客户交流。因为任正非知道，只有耐心地把这些问题搞明白，才能实现最终的优质交付，才能体现出华为一贯坚持的"实现客户梦想"的基本原则。

双方五六个团队在酒店里，白天开会，晚上输出会议纪要，相互确认。在此过程中，华为的本地员工发挥了很大作用，他们既是一线工作人员，又是翻译和沟通人员。研发部门也非常卖力，对客户所提出的问题都尽可能地给予现场解答。对于客户提出的要求，他们也会仔细地分类整理：可以做的、必须做的、没必要做的、无法做到的，然后坦诚地与客户进行沟通，直到最终达成一致。

由于准确把握了客户的需求，突出了重点，确保了进度，该项目最终成功地按期交付客户使用，华为得到了合作方极高的评价。

关于领导力，美国前国务卿基辛格博士有一个非常著名的说法："领导就是要让跟随他的人，从他们现在的地方努力走向他们还没有去过的地方。"这一说法很容易理解，但在具体操作中，对领导者又提出了非常高的要求。因为人不是机器，不会无条件地按照领导的意图去努力工作，而具有超强领导力的人就会团结一切可以团结的力量，带领这些力量完成任务！

领导行为的影响力远胜于领导者掌握的权力

《论语·子路》有言："其身正，不令而行；其身不正，虽令不从。"对于企业来说，领导者是个特殊人物，其行为会对员工产生巨大的表率作用。因此，领导者必须以身作则，带个好头。

三国时期的曹操深知自己对下属的影响力，于是他便从自身做起，以身作则。结果，曹操拥有了一支富有战斗力的军队，这支军队为魏国的建立和发展立下了汗马功劳。

有一次，曹操带兵出征打仗。行军途中经过一片成熟的麦田，他颁布了命令："擅自进入麦田践踏庄稼的人，斩！"可是，他的话音刚落，一群麻雀就忽然从他眼前飞过。他骑乘的马匹受到了惊吓，马一声长嘶，直接冲进了麦田，踩倒一大片麦子。

曹操立刻取出佩剑要自刎，各位将士急忙抱住他的手臂，大叫着："丞相，不行啊！"曹操抬起头来，长长叹了一口气，说："我刚颁布了命令，如果自己不遵守，还怎么用它来约束部下？"说完，曹操便执意要自刎。

将士们恳求说："军中不能没有将帅，您不能自刎。"曹操于是拉过自己的头发，用剑割下一绺，高高举起来，说："我刚才误入了麦田，罪当斩首。可是，因为军中没有将帅，我不能扔下大家不管。现在我以发代首，如果再违抗命令，如同此发！"于是，大家的自觉性都提高了，没有一个人践踏庄稼。

领导行为的影响力远胜过领导者掌握的权力。领导工作的本质就是人与人之间的一种互动关系，在领导过程中，领导者如果不能有效影响或改变下属的心理或行为，是很难实现领导功能的，企业目标也就无法顺利实现。

1. 了解领导者影响力的种类

这里所讲到的领导者的影响力，主要包括三方面内容：

（1）人伦影响力

两个人如果要合作，至少要有一人有文化底蕴、有理性。因为，只有有理性的人才能影响他人，能使自己与他人具备相容的基础。古人说："凡人之所以贵于禽兽者，以有礼也。"（《晏子春秋》）"礼，敬也。"（《墨子》）所谓"礼"，就是"恭敬"，即不仅要知道利己和自尊，还要懂得利他和尊重别人。

孔子又曰："仁者爱人。"能爱别人的人也就能影响别人。简单地说，关爱别人就能影响别人，这种影响力就是伦理力。同样，在企业管理中，领导者只有关心下属、了解下属，维护下属的利益，才能受到下属的拥戴，才能提高自己在企业中的影响力。

（2）交感影响力

在对别人的行为和效果进行肯定评价的时候，对对方的尊重和个人重要性的肯定都会激发对方对你的尊重和肯定，彼此之间进而产生吸引力，这种力就是交感影响力。因此，当员工做出成绩或者有所进步的时候，领导者要及时给予表扬和鼓励。当下属从领导者这里获得肯定的赞扬时，他们的积极性就会被调动起来，工作效率自然就可以提高了。

（3）强制影响力

强制影响力也称为强影响力。韩非认为，人可以用"两柄"来支配他人，"两柄"指的是重赏和重罚，就是用重赏去诱导他人实现群体目标；用重罚去制止有害于群体的行为，达到令行禁止的效果。赏必信，无信，赏就会失去作用；赏要重，不重，则人们无动于衷。

因此，强势领导者在管理团队的过程中，要制定严格的赏罚制度，且严格执行制度。这样，奖赏某个员工，其他员工就会受到鼓励；看到某个员工受到了批评或惩罚，其他员工也能吸取教训、引以为戒。

2. 掌握影响领导者能力的主要因素

领导者是用能力说话的，能力欠缺的领导者不仅无法赢得周围人的信任，更无法影响和带动周围的人。因此，现代管理学很强调"能力管理"的重要性。杰克·韦尔奇认为，影响领导者能力的因素主要包括以下三个方面：

（1）服从因素

领导者的服从感表现在两个方面：一是领导者自己对上级的服从感；一是领导者要求下属对自己也要有服从感。领导者的服从感也可能表现为对个别权威人士的服从，而这种服从往往是无条件的。另外，人们对权威人士的服从也可以分为两种情况：一种是由于钦佩权威而产生的服从感；一种是因为害怕权威而产生的服从感。

一般说来，领导者的服从感都有一个从不自觉被迫向自觉过渡的过程，开始的时候领导者可能只会产生被迫的服从感，一旦这种被迫的服从形成习惯，就会变成自觉的服从。在管理下属的过程中，领导者追求的是权威和服从感，只有下属具备服从、忠诚等特点，领导工作才能顺利进行。

但是，对权威和服从感的追求又会产生积极与消极两种效果。领导者如果在下属面前没有权威、没有服从感，下属就会不服从、不听话，领导者的工作就难以顺利开展；如果领导者一味地追求权威，要求下级对自己迷信和崇拜，又很容易使事物走向反面，失去下属的信任。

（2）职位因素

职位能让下属对领导者产生一种敬畏感。一般情况下，一个人的职位越高、权力越大，别人对他的敬畏感也就越强，其影响力也就越大。

领导者职位因素的影响力表现在两个方面：影响的强度与范围。一般说来，领导者的职位越高，其影响范围也就愈大。同样一件事，基层管理者与高层领导者处理的影响范围会大不相同。比如，经理协调本公司餐厅的食品供应，影响就很小；如果老板去协调食品供应，影响力与影响范围就大得多了。由此可见，高层领导的一举一动会影响很多人。即使一件小事情，如果由高层领导者亲自处理，小事也会变成大事。而问题一旦得以解决，员工就会广为传颂，同时也会将领导者的意志与魄力充分展示出来。

对于工作中的失误，职位不同所带来的影响也不同。对基层领导来说，工作上如果稍有失误，因为自己的影响力有限，局势或许还有挽回的余地；而对高层领导来说，工作上的一点失误都可能产生大范围的影响，其带来的后果会十分严重。可是，这种职位因素造成的影响力与领导者本人的素质没有直接关系，是社会企业赋予的力量。

（3）资历因素

资历是一种历史产物，反映了一个人的生活阅历和经验。领导者的资格与经历也是产生影响力的重要因素。

人们往往对资历较深的领导者会产生更多的敬重感。如果公司将要来一位新总裁，在这位总裁还没有到来之前，员工通常就会对这位新任总裁的资历津津乐道：如果他曾经是大公司的前任总裁，员工很快就会对其产生一种敬重感；反之，如果他缺少骄人的履历，员工就会产生"此人很嫩、恐怕不行"的想法，就不会对新任领导者信服和敬重。

在某种程度上，资历因素会影响领导者的有效性。一个能得到员工敬重的领导，他的言行容易在人们的心灵上占有重要的位置，其说出的话就有人听；不能得到员工敬重的领导者，说的话就没人听。

一个人的资历主要与其过去所任的职务有关，其产生的影响力也是一种强制影响力，存在于领导者实现领导行动之前。

虽然资历因素确实对领导力有影响，但也不能绝对化。资历因素虽然有助于提高领导者的有效性，但这也仅仅是一个前提，只是一种未被下属实际认可的感官上的一种"预热"。能否真正获得员工的敬重，还要看领导在实际工作中的表现。一个资历深但实际业绩很差的领导者，只会使下属失望，最终失去员工的敬重；反之，一个资历浅但实际业绩表现佳的领导者，最终也会获得员工的依赖与敬重。

一般领导力重在管理，强势领导力侧重变革

变革型领导者通常会鼓励下属为了企业的利益超越自身利益，能对下属产生深远而且不同寻常的影响。一般领导力重在管理，而强势领导力侧重变革！

1990年，江淮汽车制造厂陷入经营低谷，举步维艰。老厂长为了找到大汽车集团收编江淮，到处想办法，结果都是碰壁而归。没技术、没产

品、没市场，除了一片破败的厂房和几条陈旧的生产线，几乎再无其它。江淮汽车厂处境危险。

当时，我国的商用车产品只有货车底盘可以装载，随着客车市场的不断扩大，市场对客车舒适性、安全性的需求越来越高。老厂长看准了这一时机，决定进行客车专用底盘的研发。但是，没钱、没技术，以江淮当时的状况，根本就实现不了。最后，厂领导经过讨论决定：卖掉发动机生产线换钱。这样，工厂就有了300万元的启动资金。

当时，现任江淮汽车掌门人的安进是汽车研究所所长，从那天起，安进就没睡过一天安稳觉。安进带领他的团队整日在车间里画图计算、敲敲打打，经过大家的不懈努力，1990年国内第一条客车专用底盘生产线诞生了。

可是，他们还没有品尝到新产品成功的喜悦，一个个难题便扑面而来：没市场、没销路。为了解决这些问题，厂长让所有骨干员工全部转岗销售人员，到全国各地去推销江淮客车底盘。很多人闹情绪、不想干，可是看到厂长亲自带队出去推销，员工的消极情绪也慢慢消除了。

没用多久，江淮的客车底盘便在全国市场一炮而红，订单雪片般飞来。1993年，江淮生产的七米底盘占领全国市场80%的份额；1996年，江淮回归轻卡业务，以日本五十铃为标杆，进行全新平台的开发和设计；1997年，全新的轻卡产品诞生，在全国市场上以星火燎原之势开始销售。

2001年，江淮正式与韩国现代汽车展开合作，特聘了一批专家进行现场指导，开发出了新款车型江淮瑞风。同年，江淮汽车底盘在上海证券交易所正式上市，融资达到七亿元。2002年江淮瑞风下线，第二年形成生产规模。2005年，瑞风实现国内MPV（多用途汽车）市场销量第一，并将这个冠军头衔保持了很多年。

对于汽车领域来说，新能源是未来发展的趋势。2011年1月24日，江淮汽车585辆纯电动轿车同悦批量交付，正式进入私家车市场，开创了全国纯电动轿车规模投放市场的先河。

正是由于领导者勇于变革，江淮才起死回生。在一个要求创新的年代，在一个呼吁变革的年代，只有强力领导者才是积极的变革者。

作为强势领导力的代表之一，2014年7月，马云与来自全国各地的商会会长谈论了自己对于商业的思考和判断，以及自己对于未来互联网和商业趋势的判断。马云的强势领导力在其演讲摘录中可见一斑：

浙商群体了不起，我们就是靠着勤奋和努力走到了今天。但是，我们得思考，因为到了今天，光靠勤奋、勇气还远远不够。当然，没有勇气是走不下去的，没有勤奋更是走不下去的。但是今天看来，光靠勤奋与勇气是远远不够的。

阿里之所以能有今天，正是因为我们坚信未来，坚信趋势，坚信15年之后能够解决我们面临的这些问题。那时，《胡雪岩》中有句话给我留下了深刻的印象：生意越来越难做，但越难做越有机会。别人不做的，你去做，就会看到更多。你看到一个县，就做一个县；你看到一个小城市，就做一个城市；你看到未来，就做未来。阿里只所以出现如此多的红利，就是因为15年前看到了今天的形势。我相信，你们都是因为在15年之前甚至更早就看到一些东西，所以才走到今天。

之所以能有今天，就是因为我们迅速改变了自己，把握了这一天。可是，未来技术变革也是我们不得不面对的事实。举个例子，以前出行是马车，后来有了电车。出租车第一次出现的时候，马车夫觉得很生气，甚至还想将出租车砸烂，但后来也就习以为常了。

一种新东西的出现总会让大家感到或多或少的不适应，甚至还可能会触动一些人的既有利益。大家现在看到的不是一种业务，而是一种时代的变革……

（来源：《浙商》杂志 马云《浙商未来不仅靠勤奋与努力 需要进行三大变革》有删减）

强势领导力是一种真正有效的领导力

三国故事里，有三个最著名的"老板"：曹操、刘备和孙权。那么，他们之中，谁是好老板呢？对于这个问题，仁者见仁，智者见智。在特定的历史条件下，三个老板都能成就霸业，各有各的用人策略。

在三位老板中，曹操风头最劲，个人能力最强，战略规划能力和执行力都是一流的。他喜欢亲力亲为，不管胜利还是失败，都由他一个人承担，人生也大起大落。所以，后人对他的评价也是矛盾的，时而英雄，时而奸雄。他广纳贤才，刘备的核心团队成员关羽也被他感动；在他的团队中，谋士、武将不计其数，但名声上却少有人能跟诸葛亮、关羽、张飞、周瑜相提并论。这一切都是曹操个人强势领导力影响的结果。

商战中，竞争双方的力量对比一般都非常微妙，一方看似强大无比，另一方好像不堪一击，但转眼间局势就会发生彻底改变。弱者可以变为强者，强者也能变为弱者，而决定这一变化的正是双方的领导者。让一只羊领导一群狮子，这群狮子迟早会变为羊；让一只狮子领导一群羊，羊也迟早会变成狮子。

"一头绵羊带领的一群狮子，敌不过一头狮子带领的一群绵羊"，由此可见一个组织的成败往往取决于组织的领导。领导者的魅力、魄力、预见力指引着组织的发展方向，而领袖的一个错误决断很可能将组织带入困境。

在一个农场中，草长得越来越茂盛，可农场主没有时间修剪。为了解决这个问题，农场主从朋友的牧场买来了两头羊。一头羊体型较大，农场主给它起名叫麦克；另一头羊比较瘦小，叫佩蒂。

来到农场以后，麦克和佩蒂都被关在笼子里。笼子是用钢管焊起来的，整个白天，麦克都不停地撞击栏杆，直到晚上精疲力尽了，才稍稍收敛；而佩蒂起初撞了几下栏杆后，发现不可能撞开，就伏在了一边，再也没撞过。

几天后，麦克和佩蒂被农场主散放在外面，小狗欧迪负责看护它们。欧迪的个头比它们小得多，但却异常凶悍，它喜欢追着麦克和佩蒂玩。起初，麦克和佩蒂只顾埋头四窜。后来有一次，佩蒂停下来朝欧迪冲来的方向顶了回去，欧迪立刻停了下来，和佩蒂对视了一会儿后，就悻悻地走开了。这次之后，麦克和佩蒂发现，欧迪也不像看上去那么可怕。经历了这件事后，欧迪只是远远地待在麦克和佩蒂附近。

麦克和佩蒂对事情的反应也有很大的不同。第一次喂它们吃蔬菜，佩蒂犹豫了一会儿，过来闻了闻，便开始吃了；而麦克看到佩蒂吃了，问也不问就开始吃了。把它俩栓在链子上，有人靠近时，佩蒂从起初的抵制然后渐渐接受，而麦克一直都是死命往后躲。

渐渐地，农场主发现，大个儿的麦克总是跟在小个儿的佩蒂身后，佩蒂去哪里，麦克也去哪里。到了一个新地方，先吃草的一定是佩蒂，麦克总是在佩蒂吃过之后才开始吃。显然，佩蒂已经成了"麦克佩蒂羊群"中的领头羊了。

为什么小个子的佩蒂反而成了"领头羊"，让我们来看看佩蒂身上优于麦克的一些特质。

1. 超强的反抗精神

面对小狗欧迪的追逐，佩蒂从起初的逃窜到最后的反抗，体现出了一个强势领导者极为重要的特质——勇于接受挑战和反抗。

一头绵羊带领的一群狮子，是敌不过一头狮子带领的一群绵羊的。在正常条件下，狮子是不甘于被绵羊带领的，因此，绵羊带领狮群这种组织从一开始出现，就是不合理的。换言之，在合理化的企业中，一个没有挑战和反抗精神的人是不会被推举为领导的。

2. 准确的判断力

一旦被带离自己熟悉的领域，出于本能反应，动物通常都会感到慌乱和不安。在这一点上，麦克和佩蒂并无本质区别。但面对钢制的笼子，麦克是一味地乱冲乱撞；而佩蒂最初也尝试了几次，可是发现自己力量有限后，它就放弃了，可见佩蒂的判断力要比麦克更准确。

现代企业所要面对的环境纷繁复杂、瞬息万变，作为舵手的领导者，必须具备优良的心理素质和准确的判断力。正确的航道是组织存活的基础，如果企业制定的目标都是错误的，何谈生存、发展和壮大？如果遇到一点风浪险滩，舵手就慌了手脚，那么组织离覆灭也就不远了。

3. 善于妥协，懂得妥协

领头羊佩蒂对待不怀好意的小狗欧迪显示了强硬的一面，但对待掌握它命运的人类则表现出了顺从和妥协的一面，可见，对于一个领导者而言，适时低头比一味强硬更重要。

任何企业都不可能是独立的，否则也就失去了存在的意义。企业必须同外界沟通和交际，或者强硬，或者妥协，这些都必须是领导者权衡后才决定。如果该强硬的没有强硬，该妥协的又没有妥协，不仅会影响企业的短期利益，甚至会影响企业的存亡。所以，领导者必须懂得妥协，必须善于交际。

4. 积极纳新和开拓意识

成为领导也许只是一个瞬间，但要想得到下属的认可，则必须经历一个过程。佩蒂向同伴显示出了更强的纳新和开拓能力，比如勇于尝试从未吃过的蔬菜。而麦克却不得不遵从佩蒂，因为它知道，遵从一个自己认可的、比自己更具纳新和开拓能力的领导，会比自己不知所措、单打独斗可靠很多。

5. 准确把握机遇

俗话说，时势造英雄。麦克和佩蒂在原先的羊群中都不是领头羊，如果没有把他们从羊群中带出来，可能佩蒂到死都不会成为领头羊；如果麦克表现出比佩蒂更强的判断力、开拓能力等素质，那么，成为领头羊的就是麦克了。可见，把握住机遇也是领导者必不可少的特质。

以上五点，是佩蒂区别于麦克的特质，也是决定佩蒂领导麦克的关键！虽然企业种类繁多，内部结构和面临的环境也更为复杂，但以上领导力素质应该是共通的。

通常，企业也是从最初的"羊群"般的原始组织发展起来的，以原始组织的方式"自然"推选领导者是一种甄选领导者的合理方式，对企业的发展和壮大也更为有利。

《孙子兵法》：为将之才的五大必备要素

《孙子兵法·计篇》说过："将者，智、信、仁、勇、严也。"这五点是为将者必须具备的素养，这里我们就来简单论述。

1. 智——足智多谋

智者，足智多谋也。如果想提高管理才能，首先就要掌握丰富的专业知识，能够适应瞬息万变的市场形势。如此，领导者才是聪慧的。

作为领导者，你是要求不同风格的下属尽量适应自己，还是采用不同的方式去区别对待不同的下属，让他们发挥各自的优势？如果喜欢"一言堂"，近乎偏执地迷信自身的判断力，从上而下地贯穿一成不变的所谓个人管理风格，就无法让下属充分发挥自己的能力。只有积极开动脑筋，调动自己的智慧，才能产生好的领导效果。

2. 信——讲信誉

信，就是企业领导者要讲信誉。领导者的信誉是企业信誉的代表，有良好信誉的企业才能赢得消费者的信任。

人无信不立，企不信更不立。作为一个人，没有信用，人几乎就失去了全部价值。一个合格的领导者必然是坚守诚信的。一旦答应了下属什么事情，对方多半会一直等着兑现，因此，一定要记着所承诺的那个日期，将答应的事情做好。

一旦下属发现你开的是"空头支票"，说话不算数，必然会产生强烈的反感，甚至会否定你的人品。即使你下定决心，下次一定会兑现，你也已经失去了获得下属信任的机会。因此，要想造就强势领导力，就要以"信"为先。

3. 仁——有仁爱之心

只有具有仁爱之心的领导者，才能在管理中坚持人本原则，才能调动起员工的积极性，才能在经营管理的决策中替下属着想，从根本上赢得下属的认同。

一名非常优秀的大学生毕业后进入了一家民营企业，不到两年的时间，他便成长为公司的一名骨干，正当他备受公司认可的时候，他却突然提出了辞职。

上级领导很不明白，私下沟通才知道了他离职的真正原因。他说："除了上下级关系之外，我实在无法认可我的直接领导。有一次，我与他一同出差，路上意外生了病，他却对我不理不睬，一味督促我提前完成任务、缩短行程安排。我无法从内心尊重他，在日常工作中经常会出现意见冲突。"

一件小事，让公司培养人才的苦心尽付东流，在感叹员工承受力不够的同时，我们是否能够想到领导的失职之处？虽然说工作是一种硬性事件，可是员工是人，管理就应该赋予人性。对员工不管不顾，仅以工作为尊，不仅会让下属觉得你冷酷无情，还会让下属对你失去信任。只有具有仁爱之心的领导，只有关爱员工的领导，才能带出优秀的团队。

4. 勇——勇敢果断

领导者要勇敢果断，唯有如此，才能在多变的市场环境中抓住时机，做出正确的决策。

美国一位管理学家曾做过一个调查，他向一些企业高管提出了三个问题："你每天最重要的工作是什么？""你每天在哪些方面花的时间最多？""在履行工作职责时，你觉得最困难的是什么事？"

结果，90%以上的管理者给出的回答都是"决策"，决策的重要性由此可见一斑。如果领导者在工作中遇到难题时，不论问题是否可以解决，总是左顾右盼、犹豫不决地等待上级给予指示，不仅会影响领导形象，还会贻误时机。因此，领导者要防止两种倾向：一种是情况明了却不敢拍板；一种是情况不明乱拍板。如果领导者胆子大，主观武断、草率行事，也会给工作带来损失。因此，领导者既要敢于拍板，又要善于拍板。

5. 严——赏罚分明

对待下属要严明法令。只有赏罚分明，才能治众，才能让一个规模庞大、结构复杂的企业步调一致地走下去，才能保证管理目标的实现。赏与罚是领导他人的两大"利器"，只有赏罚分明、令出必行，才能最大限度地激发员工的积极性。

　　禁令与刑罚也是整顿纪律和激发士气的一种手段。赏罚对于促使众人效力、共同完成一项事业的作用十分重要，领导者必须要有大胸怀和大视野，赏罚分明；而且，必须令行禁止，执法必严。

领导力小测试

测试你的领导能力

下班回家的路上，你遇到了多年未联系的初恋情人，你们相约到附近的茶馆去坐坐。除了聊聊目前的生活之外，难免会谈起以前的时光，这时候，你最怕初恋情人提起什么？（　　）

A．两人刚认识时的甜蜜回忆。　　B．分手时的感觉。

C．当初介入你们的第三者。　　D．某一次出国旅行的经验。

测试结果：

A．你的领导才能会在小团体内发挥出来，一旦人多了、关系复杂了，你就无法掌控局势，甚至还会招来民怨。

B．在团体中，你喜欢帮大家做事。你的生活哲学是"平生无大志，只求有饭吃"，你具有随遇而安的个性，完全没有名利之心，觉得照顾好自己最实在。

C．你有领导的才能，却没有领导的气度。想让一群人对你服从，必须唯才是用、能屈能伸、善用智谋，只有勇气和冲劲是不够的。

D．你是天生的领导者，有指挥群众的天分和魅力。你不会刻意表现出自己的野心和企图心，但是大家会找你解决问题，并喜欢和你在一起。

强势领导者
是勇敢的造梦者

梦想是指引领导者自己和团队成员不懈努力的动力。优秀的强势领导者通常都会为成员设立一个奋斗的梦想、理想、愿景和目标；之后，则会带领大家一起追逐梦想。同时，在实现梦想的过程中，实现自己的价值！

领导者的梦想就是追随者的梦想

马丁·路德金在多年前所说的"I have a dream"（我有一个梦想）至今影响着无数人。如果有人问我：什么方法是最省钱又能有效打造高效团队的？如果一定有，我定然会回答：那就是梦想！

1955年12月1日，一位名叫罗莎·帕克斯的黑人妇女在阿拉伯乘坐公共汽车，坐到了"白人专坐"的区域内。由于拒绝挪动座位，她被警察带走了。之后，一个致力于推动种族平等的组织便成立了，要求公共汽车公司改变这种不公正的做法。马丁·路德金被推荐为这个组织的领头人。

这个组织在市内散发了好多传单，传单说："你去上班时，请乘公租车去，或搭别人的车去，或步行。"整整一年里，黑人都拒绝乘坐市内公共汽车。马丁·路德金号召黑人不要坐公共汽车，而要继续斗争。即使他的房子被人为毁坏，他的生命受到威胁，他依然坚持。最后该州首府律师说："公共汽车公司无权在车上把黑人和白人分开。"

1963年8月28日，华盛顿特区组织了一次25万人的集会，要求种族平等。马丁·路德金向成千上万的黑人发表了一篇演说，这就是著名的《我有一个梦想》！

无独有偶。

十年前，马云"让天下没有难做的生意"的梦想影响了阿里巴巴近两万名员工，甚至影响了成千上万的中小企业。

马云在一次演讲中说过："人可以十天不喝水，七八天不吃饭，两分钟不呼吸，但不能失去梦想一分钟。没有梦想比贫穷更可怕，因为这代表着对未来没有希望。一个人最可怕的是不知道自己干什么，有梦想就不在乎别人骂，知道自己要什么，最后才会坚持下去。"

大雁在失去领头雁时，之所以会自动自发地选出新的领头雁继续向前飞行，是因为他们懂得一个最基本的思想——如果我不和团队共同飞行，就会挨饿，甚至死亡。如果你是领导者，是否已经给下属造梦了呢？如果没有，请立刻行动；如果有，请尽量清晰化与经常化；如果都有了，就要随时随地进行传播了。优秀的领导者会用自己的梦想、愿景和目标感召和影响那些志同道合的人，一起去实现共同的目标。

任何一个企业、一个组织，都需要一个令人向往、令人激动的梦想做指引。梦想就像一团火，会不断激励和催动着企业以无比的热情和不懈的努力向着目标前行。对于企业来讲，梦想就是一种指引未来的力量，有了梦想，就有了前进的方向；有了梦想，就有了强大的动力支持。

"有梦的人最美！"这是康佳集团前任董事局主席任克雷说过的一句

话。这句话真实地道出了上万康佳员工深层的心理需求和精神指向。

康佳是一个由梦想引领的团队，从一定意义上来说，其几十年的奋斗史就是一部员工追逐梦想的历史、一部讴歌梦想的发展史。20世纪80年代中期，康佳刚刚起步，就明确提出了"领先国内，赶超世界"的"康佳目标"和"我为你，你为他，人人为康佳，康佳为国家"的"康佳风格"。

正是这些醒目的理念和口号，激励并推动着康佳从弱小走向强大。2005年，康佳根据外部环境的变化和内部战略转型的需要，对企业文化进行了一次全面的优化和调整，提出了一套全新的文化理念。这些理念清晰地界定了康佳的方向和未来，规划了康佳的发展蓝图，为康佳新一轮的战略崛起、为康佳的梦想插上了腾飞的翅膀。

梦想就像一团火，燃烧着康佳人的激情，沸腾着康佳人的热血，激励和推动着康佳不断创新、不断超越自我、不断强健自身。

人因梦想而伟大，梦想会让人努力、执着。这个梦不管大与小、长与远，只要能与他们需求接近，便可以爆发出强大的力量。从某种意义上讲，领导者的使命就是为团队塑造梦想，并帮助团队成员实现梦想。

提出一个让追随者为理想奋斗的理由

下属和领导者的一对一关系是员工激励方法的核心，领导者对员工表示出的信任、尊重和关心都能在一定程度上激励员工。当然，最重要的是，优秀的领导者一般都会提出一个让下属为理想而奋斗的理由。有了这样的理由，下属就会鼓足干劲、奋发图强，就会抓紧一切时间，做出更多的成绩。

三国时，曹操带领着自己的部下走在路上，天气炎热，军士们口渴难耐，很多人都走不动了。但前不着村，后不着店，怎么办？曹操灵机一动，用马鞭指着山的另一头，对军士们说："据我所知，翻过这座山头有一片梅林……"

军士们一听，立刻便有了动力，浑身是劲儿，继续前进。

"望梅止渴"的成语也就由此而来。

通过这个故事，我们也可以知道，领导必须掌握鼓动下属士气的技巧。调查显示，75%的被调查员工相信，他们对公司的成功有着直接的影响；72%的被调查者能够从工作中获得成就感。为了激励员工，首先就要将他们的士气鼓舞起来！

位于达拉斯的西南航空公司的创始人之一、首席执行官赫布·凯莱赫发现，自己亲临现场并参与到员工所做的工作中，就能让员工发挥出巨大的潜力。因此，凯莱赫乘坐公司航班的时候，经常会帮助空乘人员为乘客提供饮料服务。

其实，不只是赫布·凯莱赫，很多优秀的领导者都懂得鼓舞员工士气的重要性。因此，他们在工作中都会不失时机地对员工进行鼓励。那么，他们是如何鼓舞员工士气的呢？这里有一些最简单的建议：

1. 多和员工进行一对一的沟通

企业中，很多领导都以"领导"自居，不仅瞧不起下属，更别说和下属沟通了。可是，如果想引导下属跟着你一起努力，你就必须多和下属保持互动，多和他们沟通。即使做不到每天一次、每人一次，也要通过多种方式来听取下属的意见，比如设置意见箱等。

在一个高效率的公司里，不同级别的员工都是沟通链上不可或缺的一环，以此来保证公司的业务信息能够迅速、充分地进行传达。通过顺畅的沟通，可以把公司成员牢牢地聚合在一起。和员工进行一对一的沟通，不仅可以了解员工的所思所想，还能够了解员工的创新思维。同时，员工也会对领导者和公司多一些理解和认可。

2. 鼓励员工积极发表建议

俗话说得好，高手在民间，同样，对于企业来说，高手也在员工中，尤其是处于一线的员工。由于长时间跟具体的工作打交道，员工往往是最了解产品和服务的人，也更容易发现问题，更容易想出新点子。因此，要想鼓励下属积极奋斗，就要引导他们积极发表自己的看法。一旦感受到了被重视的感觉，员工工作的积极性就会提高很多。

为了激励员工，让员工积极参与公司管理，优秀领导者经常使用的一个办法是——向他们征求建议。员工的建议不仅有助于公司的发展，还有利于工作环境的改善，清除公司里妨碍员工表现的障碍，让员工掌控自己的工作。领导者不仅要认真仔细地研究员工的建议，还要积极采纳好的建议并加以实施。这样也就在无形中告诉了员工：所有人都会得到尊重！

如果想鼓励员工积极发言，可以从下面一些建议做起：鼓励员工对改善工作环境和提高服务质量等问题提出建议；当员工提出建议时，及时回应和采纳；鼓励员工提点子，公开表扬提出建议的人；设立方便的供员工提出问题和解决问题的渠道；将实施员工提出的方案后得到的积极效果公布出来。

3. 想办法激发下属的创造力

企业中，每个员工的工作劲头都是不同的：有的员工是，领导推一推，他就动一动；有的员工是，工作主动性高，爱思考，经常会想出一些好点子……不同类型的员工对于企业的发展都有着不可忽视的作用，为了企业的长足发展，就要鼓励员工提高创造力，多思考，多想办法，多实践。

企业中的领导者数量毕竟有限，即使他们开始的时候能够提出一些好点子，可是随着时间的推移，可能这样的点子也会越来越少。这时候，就要将员工的积极性调动起来。员工也是企业的一员，为什么不让他们发挥自己的潜力？积极的员工一般都有着超强的创造力，如果想让员工跟着你一起奋斗，就要想办法激发下属的创造力。

如何做到这一点呢？可以尝试和员工展开"头脑风暴"，并遵守以下规则：鼓励员工提出各种各样的点子，不要轻易加以评判；点子越奇怪，越可能是最佳方案；点子的数量是最重要的，而不是质量；鼓励对旧点子进行改进；允许员工实践自己的想法。

4. 为下属进行必要的职业培训

事物都是不断向前发展的，项目也是做了一个又一个，而且很多都不会重复。这时候，过去所学的知识很可能会越来越受局限，工作起来也会觉得越来越死板。如果想让下属在工作中发挥更大的作用，就要鼓励他们多学习，为其提供一些适当的培训。

对员工来说，培训会让他们从日复一日的例行公事中解脱出来；而且，如果员工有机会在公司内部进行学习和深造，原本死气沉沉的公司也会变得生机勃勃。

事实证明，优秀的领导者都会关注员工的培训，比如：允许员工自行选择和参加培训；员工参加课程前，和他们谈话，告诉他们你希望他们能够学到些什么；在研讨会上，让员工和他人分享所学的知识；让员工将个人职业发展所需要的机会列成清单，比如从事新的工作、学习新的技能、加入综合性团队等，然后和员工探讨如何获得这些机会；为员工制定个人发展规划，明确他们想要学习的技能和可能拥有的机会；把职业发展讨论作为年度业绩评估的一部分等。

5. 让员工的工作变得富于挑战性

如果员工日复一日都在做同样的工作，就会觉得自己不过是在机械性地重复做事。可是，新的挑战可以让他们重新焕发生机、充满激情。优秀的领导者通常都会这样做：

（1）给员工布置一些小项目和任务，比如：为了完成一项紧急工作，组织一支工作团队；策划一次在工作场所以外的会谈；和一位客户进行谈判；安装一个新办公系统等。

（2）给员工布置一些能够训练团队合作、个人责任履行、与上司相处等方面的工作。例如：为了改善工作，设计一个标志性符号或战斗口号；管理一个由没有工作经验的员工组成的特别行动组；管理一个特别行动组，鼓舞员工士气等。

（3）给员工布置一些提高表达能力和分析能力的工作，比如：分析一项新的时尚潮流趋势，并且向其他人介绍；写一份新系统或者新产品的推荐书；利用一个星期的时间进行客户调研，并且写一份报告；做一次公司竞争力分析等。

（4）让员工学习一些课程，让他们更好地认识自我，比如：教授一门课程或者主持一个研讨班、设计一门培训课程、参加一门自我激励的课程等。

（5）让员工从事工作以外的活动，提高他们的个人领导技能、与陌生人共事等能力。比如：积极加入专业机构、积极参加志愿者活动、以咨询顾问的身份解答工作以外的问题等。

用共同愿景强化企业的"一体感"

电影《斯巴达克斯》主要讲述了这样一个故事：公元前71年，斯巴达克斯领导一群奴隶起义，两度击败了罗马大军。但是，他们最终还是被击败了。在电影中有这样一个镜头：

罗马将军克拉斯对几千名斯巴达克斯部队的战士说："你们曾经是奴隶，将来还是奴隶。但是罗马军队慈悲为怀，只要你们把斯巴达克斯交给我，就不会被钉死在十字架上。"

在一段长时间的沉默后，斯巴达克斯站起来说："我是斯巴达克斯。"之后，身旁的一名战士站起来说："我才是斯巴达克斯。"接着，又一名战士站起来说："不！我才是斯巴达克斯。"不到一分钟，被俘虏的人统统站了起来，说自己是斯巴达克斯。

为什么每个被俘的士兵都愿意选择死？因为，这支部队所忠于的并不是斯巴达克斯个人，而是由斯巴达克斯所激发的共同愿景：有朝一日成为自由之身，不再当奴隶！

这个愿景是如此让人难以抗拒，以至于没有人愿意放弃它，这就是共同愿景产生的作用！那么，究竟什么是"共同愿景"呢？

所谓共同愿景指的是大家共同愿望的景象，也是企业中人们所共同持有的意象或景象。它的建立，能发出一股较强的感召力，创造出众人一体的感觉，使各种不同的活动融合到一起。这样的景象是所有企业都在追求和期望的，因为在这里，每个成员的个人才华都会得到展现，会形成一股强大的合力。事实证明，众多世界级企业都有自己的愿景：

沃尔特·迪斯尼公司：让人们快乐。

3M公司：创造性地解决那些悬而未决的问题。

惠普公司：为人类的幸福和发展做出技术贡献。

玫琳凯化妆品公司：给女性无限的机会。

"共同愿景"是企业中所共同持有的"我们想要创造什么"的图像。一旦共同愿景成为全体成员执着的追求，就会变成凝聚力、动力和创造力的源泉。有了共同愿景，员工就会提高敬业意识，就会自觉投入，更会乐于奉献。

在人类群体活动中，很少有像共同愿景那样能够激发出这样强大的力量。1961年肯尼迪总统宣示了一个愿景，那便是：在十年内，把人类送上月球。这个愿景汇集了许多美国太空计划领导者多年的心愿，引发了无数勇敢的行动。

在追求愿景的过程中，人们自然就产生一种勇气，为了实现愿景，必然会主动做事，必然会百倍努力，必然会提高创造力。而这，正是企业发展所需要的。那么，究竟应该如何建立共同愿景？建立什么样的共同愿景？

1. 得到员工的认同

就共同愿景的层次和范围来讲，可以分为：企业大愿景、团体小愿景和个人愿景。任何企业或部门都可以根据自己的工作性质、特点等建立起不同的共同愿景。可是，不论建立何种共同愿景，都要以个人愿景为基础，否则，共同愿景也就无从谈起。

（1）在确立共同愿景前，了解员工的个人愿景是什么。

共同愿景不是个人愿景的简单相加，而是各成员的共同理想，所以必须对员工的个人愿景进行测试，让他们描绘并设计出团队在某一时期的状况和希望达成的目标。如此，制定出来的愿景才是共同愿景。

（2）鼓励员工采取积极的措施来实现自己的愿景。

一旦确定了员工的个人愿景，就要鼓励他们采取必要的措施来实施，比如，通过何种策略和方法来达到所想象的目标？对未来发展的预测和应对方法是什么，以及遇到逆境怎么办？顺境又如何？之后，再对个人愿景与共同愿景的融合程度进行分析和决定。

（3）明确共同愿景，了解员工的支持程度。

一个人的态度会对共同愿景的实现产生影响，所以，要了解每位员工对共同愿景的态度，了解员工对共同愿景的支持程度，最终确立一个整体认同的、可发挥员工凝聚力和创造力的共同愿景。

2. 增强员工实现共同愿景的信心

共同愿景是企业在一定时期内所希望达到的景象，是成员为之努力的总目标。在确立共同愿景的同时，要对其进行细化和分解，根据工作规律和特点，将愿景划分为阶段性景象。

对于团队来说，可以根据员工的工作性质，确定某个阶段所应达到的目标，比如，对各部门制定年度工作目标、确定工作完成率等，直至形成全体员工共同为之奋斗的总目标。这样，既有利于各部门工作进程情况的及时掌握，又有利于对共同愿景进行修正和调整。更重要的是，通过阶段景象的实现，还可以增强员工对共同愿景的信心，鼓舞士气，强化队伍的凝聚力和战斗力。

3. 增强员工的成就感

每个人都希望自己在职场上有所成就，才华得以施展，情感得到尊重。因此，对于这样的个人愿景必须鼓励和支持。作为领导者，要平等对待每个人，彼此尊重，相互包容，形成一种快乐和谐的工作氛围。这样，团队成员才会精神振奋，更加自信。

在制定团队共同愿景时，必须将员工的个人价值融入其中。要根据个人所长和岗位特点，量体裁衣，将员工安排在最适宜的岗位上，有效促进团队工作的开展，使员工的才能得到充分发挥，使员工的个人价值得到最大程度的实现。

4. 身体力行，发挥榜样的力量

团队如同航行在大海中的轮船，船身就像一个企业，如果结构设计不合理，再高明的领导者也难以驾驭。共同愿景是企业成员共同持有的意象或景象，但对于领导者来说，共同愿景也是你的个人愿景。而且，领导者的个人愿景在共同愿景中占有很大的地位，因此，为了实现共同愿景，领导者必须身先士卒、身体力行，发挥好自己的"头雁"作用。

企业的共同愿景是全体员工的所想所愿，能够充分体现个人价值，实现自我超越。通过领导者的带头践行，必然会产生强大的凝聚力，激发起员工奋发向上的精神斗志。

诉诸共同理想，激活心中愿景

共同愿景是企业中所有成员共同的、发自内心的意愿，不是抽象的东西，能够激发所有成员为企业愿景的实现而奉献的精神，能够创造出巨大的凝聚力。

好的共同愿景可以产生强大的驱动力，驱动企业的全体成员产生追求目标愿景的巨大勇气，并把这种勇气转化为自己发自内心的行为动力。通常情况下，一个共同愿景可以建立一个高远而又可逐步实现的目标，引导人们一步步排除干扰，沿着正确的方向到达成功的彼岸。

因此，就要努力激活心中的愿景，树立共同理想。

一、建立共同理想的方式和途径

1. 基本方式

共同理想构建的基本方式是指，推动共同理想形成的一般方面，这些方面既相互联系，又可能有一定的相对独立性。

（1）从个人理想到共同理想

个人理想是个人对自己未来发展的一种愿望，其根植在个人价值观、关切与热望、利益中，是个人持续行为的内在动力。但并不是每个人都有自己的理想，即使有个人理想，也会由于个人价值观等的不同，让个人理想体现出差异。

共同理想虽然不同于个人理想，却是由个人理想汇聚而成。企业的共同理想必须建立在个人理想之上；同时，共同理想又要高于个人理想。

共同理想的实现过程，也是个人理想实现的过程。企业在建立共同理想时，要容纳那些与共同理想无利害冲突的个人理想，使共同理想成为个人理想的一部分，这是从个人理想到共同理想的根本所在！

（2）把握方向，塑造整体景象

所谓把握方向指的是，企业在构建自己的共同理想时要把握一个方向——企业未来究竟向何处去，达到什么状态？一旦明确了这些方向，共同理想中的景象也就比较鲜明了，可以明白地让员工知道企业的未来在哪里，起到一定的激励作用。

（3）确定使命宣言与使命感

实现共同理想会让员工和企业拥有使命，所谓使命宣言是指，把企业与员工拥有的使命用一些简练、明了、带有鼓励性的文字表达出来，形成格言、座右铭等。

使命宣言是共同理想实现的一种要求或一种必然性选择，不是领导者的一种说教。作为使命的一种表达形式，使命宣言更是共同理想构建的一个方面。

（4）发展核心价值观，融入企业理念

共同理想包含着企业的价值观。价值观不同，企业的共同理想也会有所不同。企业的价值观是企业对自己、未来、社会等各方面的完整看法和价值取向，是一个完整体系。

要想构建共同理想，就要从发展企业的核心价值观开始。

如果没有核心价值观，企业的发展就会随波逐流、无定性，企业的寿命也不会很长；而且，其核心价值观对企业的发展也有着巨大的引导作用。

2. 基本途径

根据构建企业共同理想的基本途径可以实现构建共同理想的正确步骤。这一基本途径通常由四个步骤组成，具体来说：

（1）努力培养共同语言

共同语言是员工一致使用的语言，或是员工特定使用的语言。这种语言是在一定范围内使用的，可以反映出企业、员工的共同点。共同理想是个人理想的一部分，应该用全体员工的共同语言来表示。

（2）积极开展团队学习

团队学习对建立共同理想很重要，一方面，可以把共同理想转化为团队的努力方向，克服小团体的局部利益，坚持企业的共同理想；另一方面，对于企业最终目标的实现来说，一项决策的执行大都是由团队来完成的，仅靠单个人是无法完成的。只有群体一起学习，才能形成共同语言，才能实现群体沟通。

（3）主动进行深度汇谈

深度汇谈的目的是要挖掘出每个谈话者的内心，在一种自由的探索中，让员工将自己深藏的经验、想法完全表露出来，最终超过他们各自的想法。通过深度汇谈，员工就会敞开内心，就会挖掘出个人理想的闪光点，为建立共同理想奠定基础。

（4）自我超越，不断突破

自我超越是指，不断突破自己的成就、目标和愿望。只有具有不断自我超越的欲望，产生于个人理想之中的共同理想才会产生出巨大的激励动力。因此，领导者要不断学习，主动接受新鲜事物，主动发现自己目标和愿望的不足，找到自己各方面的缺陷，不断提出新的目标和愿望。

二、构建共同理想的基础和步骤

对于现代企业来说，共同理想构建的基础是企业文化，有了良好的企业文化才谈得上产生或构建企业的共同理想，才可能设计出具体构建的步骤。

1. 奠定构建共同理想的基础

（1）重视企业文化的功能

企业文化虽然是一种散落于企业的产品、价值观、精神、行为、风范和制度之中的东西，但其作用与功能往往与共同理想的内在构造要求相一致，是构建共同理想的基础。

企业文化共有五项基本功能，如表2-1所示：

表2-1　企业文化的五种基本功能

基本功能	说明
导向功能	企业文化对企业整体和每个成员的价值取向及行为取向起着积极的引导作用，使之符合企业所确定的目标。
约束功能	企业文化约束和规范着每个员工的思想、心理和行为，可以使成员产生心理共鸣，继而产生行为的自我控制。
凝聚功能	当一种价值观被员工共同认可后，就会形成一种粘合剂，从各个方面把成员团结起来，产生一种巨大的向心力和凝聚力。
激励功能	企业文化把尊重人作为它的中心内容，以人的管理为中心，可以让员工从内心深处自觉地为企业拼搏献身。
辐射功能	企业文化一旦形成较为固定的模式，不仅会在企业内发挥出巨大的作用，对员工产生积极的影响，也会通过各种渠道对社会产生影响。

（2）积极创设企业文化

企业文化的创设一共包括两方面的内容：一是现代企业自身的价值观、制度、机构设置等精神之类的东西，即内文化；一是现代企业文化的有形载体与具体反映，即外文化。

创设企业文化的时候，要将重点放在所谓的内文化上面。这种内文化的创设，主要由三个部分组成：企业价值观、企业精神和企业制度设计，如表2-2所示：

表2-2 内文化的创设

组成	说明
企业价值观的形成	现代企业价值观是一个长期培育的过程，会逐步深入每个员工、每个领域，领导者要高度重视，在日常的生产经营活动中贯彻和体现出来。
企业精神的创设	企业精神是员工在长期的生产经营中形成的一种信念和追求，是企业基于自身的性质、任务、宗旨、时代要求和发展方向，是企业价值观的外化。
企业各项制度建设	现代企业制度并不是一个简单的产权关系界定问题，还包括反映法人治理结构的领导者体制、企业机构及内部的各种管理方针和规范。

2. 打造共同理想的具体步骤

共同理想虽然是从个人愿景出发的，但企业理想仍然不同于员工的个人理想，因此，一旦形成共同理想，共同理想就会逐步成为员工个人理想不可缺少的部分。

这一过程可以分为五个具体步骤：

（1）将共同理想直接告诉员工

共同理想一旦形成，就要将之告诉企业的所有员工，激励员工一起来努力。只有员工对确立的目标做到心中有数，企业的共同理想才能尽早实现。

（2）鼓励员工为理想而奋斗

领导者要努力将企业的共同理想灌输到成员的心中，使他们为实现共同理想而全心奉献。一旦员工的心中有了理想，他们就会以此为目标，积极努力，工作效率也会大幅提升。

（3）听听员工对共同理想的认识

让员工敞开心扉说明企业共同理想的哪部分打动了他们的心？哪些部分对他们没有吸引力？有了明确的答案，员工对于共同理想的理解也会更加深刻。

（4）采用正确的咨询方式

要想取得良好的咨询效果，就要采取不错的咨询方式。当然，这样的咨询既可以在共同理想构建之前进行，也可以在有了一个初步的共同理想时进行。

（5）大家一起创造

共同理想是大家的愿景，应该由大家一起创造出来。不要将其张贴在自己的办公桌上，要鼓励员工一起创造、一起实现。

感召团队追求更高的目标

强势领导力有着巨大的感召力，在这股力量的牵引下，下属会向着更高的目标前进。

李亮经营一家装修公司，他总是为公司的管理问题而愁眉不展。一位做管理咨询的同学某次到公司上下走动了一圈，与李亮进行了下面一段对话：

同学："李亮，你到菜市场买过菜吗？"

李亮愣了一下，说："买过，周末有时间的时候，我会带着孩子一起去市场买菜。"

同学："你是否注意到，卖菜人总是习惯于缺斤少两呢？"

李亮："是的，商人的本性嘛！"

同学："那么，买菜人是否也习惯于讨价还价呢？"

李亮："当然。"

同学笑着提醒他："那么，你是否也习惯于用买菜的方式来购买员工的劳动呢？"李亮吃了一惊，瞪大眼睛望着同学。

最后，同学说："你在工资单上跟员工动脑筋，员工却在工作效率或工作质量上跟你缺斤少两——也就是说，你和员工一直都是同床异梦，这就是公司管理不善的症结所在啊！"

同学的这句话是否也点醒了你我？

企业目标的确立是企业文化建设的首要任务。一个宏伟而又能被企业员工认可的企业目标，能让员工看到自己工作的巨大意义和光明前途，从而激发出他们强烈的事业心和使命感，使他们与企业永远站在一条战线上。强势领导力会产生一股强势的作用，在其感召下，团队成员就会向着更高的目标前进！

森林里，四个探险队员迷失了方向，陷入了困境。其中，一个队员染病，临死之前，他对同伴说："一定要把我的箱子送到目的地。送到的话，你们就能得到世界上最宝贵的东西，但在到达目的地之前，你们不能打开箱子。"

三个成员强忍着好奇心，带着这只沉甸甸的箱子，经过重重艰险，终于到达了目的地。打开箱子之后，他们却发现里面只有砖头。

一阵懊恼之后，三个幸存者回忆起了一路上见到的情景：人迹罕至、土埋骸骨。最后，他们惊奇地发现，自己确实得到了世界上最珍贵的东西——生命。他们意识到，如果没有那个目标支撑，他们就不可能有足够的信念活下来。

这个故事告诉我们，明确而坚定的目标可以成为强大的指示，即使是在困境中，也能让团队团结奋进，战胜困难。

帮助下属员工设立一定的目标，并让他们直接把这个目标的达成作为自己的意志追求，也可能激发出他们的积极性和创造性。这里，所设立的目标越能与他们的利益联系在一起，目标的激励作用也就越大。即使目标的达成不能与他们的利益联系在一起，只要能使他们获得一种"人无我有"的自我社会价值实现的满足和成就感，也会使这个目标成为他们的一种意志追求，让他们的意志行为指向这一目标，他们会为这一目标的达成而努力。

很多人之所以无法实现自己的目标，主要是因为此目标并不是他们自己的目标。只有让员工获得了发展，企业才会具备发展的基础；只有公司获得了发展，员工的发展才会有一定的保障。

遗憾的是，有的企业整天高喊要人性化管理，却从来不为为之奋斗的员工着想。经过一茬又一茬的员工拼搏，公司的目标是一步步实现了，可员工却没有收获，员工的要求和愿望没有得到满足，他们内心所要实现的目标永远是那么遥遥无期。

联想集团总裁柳传志曾经说："中国有很多优秀的人才，这些人才好比一颗颗珍珠，需要一根线把他们连结起来，组成一串美丽的项链。这根线就是企业的共同目标。这个目标能够引导大家共同去追求、去努力。"共同目标是团队和组织的核心动力，能为团队成员指引方向、提供动力，形成团队精神，让团队成员愿意为它贡献力量；没有目标的团队只会永远处于投机和侥幸的状态中，如同一只失去航标的航船，漂泊无定。

领导者一定要认识清楚，不能以奴隶主、资本家的角色定位自己、剥削员工，企业与员工应该是合伙人。只有认识到这一点，员工才会为企业的进步而心怀喜悦，才会为自己的一点收获而心存感恩。

最好的逻辑思维是：企业实现员工的目标，员工就会实现企业的目标；强势的领导者会感召员工追求更高的目标！

领导力小测试

测测你的领导力

回答这样一个问题：你有三次抽奖的机会，前两次你都抽中了"谢谢惠顾"。之后，你又进行了第三次抽奖。这一次，你感觉自己会抽中什么奖？

A．安慰奖，微波炉一台。

B．头奖，日本三日游。

C．又是"谢谢惠顾"。

答案：

A．安慰奖，微波炉一台。

你有着极高的理想和抱负，登高一呼就会吸引很多志同道合的拥护者，领导能力很强。你有风度、有理想、有想法，而且对很多事情的看法都很犀利，可以看出很多盲点，大家觉得你的很多见解都非常棒，很多人都支持你。

B．头奖，日本三日游。

职场上，你有着很高的领导能力，专业知识丰富，在同业之间走出了一条属于自己的路，在同行中有一定的地位和身份。

C. 又是"谢谢惠顾"。

职场上，领导能力略差，善于做口碑，以服务人群为目的，习惯于埋头苦干，做的比说的多。

强势领导力的
五项战略原则

要想提高领导效果，不仅要做好风险控制，还要将各种压力保持在许可的范围内；不仅要专注于主要工作，还要敢于放权，更要保护来自非权威领导者的声音。这几方面都是强势领导者必须掌握的原则。

做好风险控制，界定适应性挑战

真正的领导者会做好风险控制，积极迎接挑战。他们会对形势进行诊断，判断哪些价值观受到威胁，判断哪些问题是无关的；他们不会轻易下结论，因为他们知道，真正的挑战往往不是浮在表面的问题。

2007年底，三鹿先后接到农村偏远地区反映，称食用三鹿婴幼儿奶粉后，婴儿尿液中出现了颗粒现象。到2008年6月中旬，三鹿又收到了婴幼儿患肾结石去医院治疗的信息。7月24日，三鹿将16个样品委托河北出入境检验检疫技术中心进行检测，结果在8月1日得到令人胆寒的消息。

可是，三鹿并没有向消费者公开奶粉问题，其原奶事业部、销售部、传媒部各自分工，试图通过奶源检查、产品调换、加大品牌广告投放和宣传软文，将"三鹿""肾结石"的关联消息悄悄地封杀掉。

2008年7月29日，三鹿集团向各地代理商发送了《婴幼儿尿结晶和肾结石问题的解释》，要求各终端以天气过热、饮水过多、脂肪摄取过多、蛋白质过量等理由安抚消费者。而对于经销商，三鹿集团也同样采取了糊弄的手法，对经销商隐瞒事实，结果造成了无可挽回的局面。

从2008年7月10日到8月底的几轮回收过程中，三鹿集团从来都没有向经销商公开过产品质量问题，而是以更换包装和新标识进行促销为理由，从而失去了经销商的信任。

结果，召回的迟缓与真相的隐瞒耽误了大量时间，进行大规模调货让部分经销商对产品质量产生了怀疑。可是，三鹿的销售代表却依然拍着胸脯说，质量绝对没有问题。

2008年8月2日，三鹿集团的外资股东新西兰恒天然得知情况后，要求三鹿在最短时间内召回市场上销售的受污染奶粉，并立即向中国政府有关部门报告。另外，三鹿集团缺乏足够的协调应对危机的能力。在危机发生后，面对外界的质疑和媒体的一再质问，三鹿依然没有将真实情况公布出来，引发了媒体的继续曝光。

2008年12月25日，河北省石家庄市政府举行新闻发布会，通报三鹿集团股份有限公司破产案处理情况。三鹿集团于2008年9月12日全面停产。截至2008年10月31日财务审计和资产评估时，三鹿集团资产总额为15.61亿元，总负债17.62亿元，净资产-2.01亿元。

反思三鹿"毒奶粉"事件，不难发现，造成三鹿悲剧的，三聚氰胺只是个导火索，而事件背后的运营风险管理失控才是真正的罪魁祸首。对于乳业而言，要想实现产能的扩张，就要实现奶源的控制。为了不丧失奶源的控制，三鹿在有些时候接受了质量低下的原奶。而且，当问题出现的时候，他们采取了不当的应对措施。

在发展过程中，任何企业都会面临内部或外部风险。风险是客观存在的，如果想按照计划实现企业目标，就要进行必要的风险管理，对风险管理方法进行创新。

在企业经营活动中，领导者要根据自身的能力去承接项目，对所承接的项目进行评估，一旦评估确认风险较大，就要尽量避开和放弃。只有根据具体的人数来安排项目数，才能有效避免由于人员不到位、人员与投标不符、资质降低等带来的风险。

为了加强对突发事件的管理与应对，领导者要在企业内部建立一支训练有素、精干高效的突发事件公关队伍。其成员应包括：企业最高决策层、公关部门、生产部门、市场销售部门、技术研发部门、保安部门、人力资源部门等相关部门的人员以及法律顾问、公关专家等。

当然，企业风险管理是全面的企业诊断方法，不是头痛医头、脚痛医脚，还需要掌握五大原则：

1. 了解各种类型的风险

企业风险管理，不仅要重视中度风险，还要重视高度和低度风险；不能只关注日常风险，还要关注战略风险，然后再看运营风险，再到日常管理的风险。不要等到出现问题的时候才去解决，要根据过去的经验把未来可能面临的风险全部找出来。

2. 使用先进的系统和资源来应对

进行风险管理的时候，要用最先进的系统和资源来应对风险。比如，最先进的财务体系，最先进的技术资源、科技资源，最先进的咨询资源等。糊弄他人就是糊弄自己。

3. 发动全员一起抵抗风险

风险管理，并不仅仅针对的是领导者，要让企业的每个人都来管理自己的风险，都要懂得识别风险、防御风险、对抗风险、转化风险，要将风险管理渗透到每个部门、每个单元中去，要让员工都积极参与进来。

4. 一分为二地看待风险

进行风险管理的时候，要一分为二地看待风险。有些风险的存在，有利于企业积极改进，促成发展，因此对于这样的风险，要正确应对。同时，如果发现某些风险只会给企业的发展带来负面作用，就要在最短的时间里，将其转化为有利的风险，或者设法转移掉。

把不满和压力保持在许可范围内

担任领导职务，不仅要面对上下级的不满，还要应对各方面带来的压力，这时候，最好的方法就是将这些不满和压力保持在许可的范围内。就像高压锅一样，既要有一定的压力和高温，但又不能让容器爆炸。

面对管理的重担，很多领导都觉得压力很大，甚至有些人还觉得有些不堪重负。其实，想想看，职场中，领导者面对的压力不外乎有这样两种：一个是精神领域的，一个是物理领域的。物理定义具有客观属性，一般都容易逃避；而精神领域指环境中的刺激所引起的人体的一种非特异性反应，让人无法逃避，经常会出现郁闷、武断、压抑、急燥、敌对等不良情绪。

压力的来源有好的，比如：职务提高、责任加重、工作量加大等。可是，大多数都是不好的，如：工作时间过长、疾病、不善统筹取舍、过于看重得失、家庭不和睦、同事关系不和谐、挑战、突发事件等。

如果不善于调节，领导就会成为压力的"奴隶"，比如：在公司忙个不停，感觉一天很快就过了，吃饭、饮水，甚至上厕所都顾不上；精力不容易集中，脑子里老是浮想联翩；工作效率低，绩效差；看到员工出现问题，很容易着急，经常会对员工发怒；遇到突发事件，就会怒火升腾……

这些问题有的属于个人涵养，有的属于工作方法和艺术，有的则在于统筹分配不科学，也可能是对工作责任感太强，过多关注细节、对自身要求过高、过于追求完美等。那么，领导者该如何应对压力呢？

1. 学会放弃，让自己轻松些

伽俐略正是因为放弃了自己的自由，誓死捍卫自己的学说，才使牛顿站立在"巨人"的臂膀上。比尔·盖茨正是因为放弃了自己在哈佛大学的学位，投身商海，才造就了微软帝国……不可否认，这些人都是因为学会了放弃才换来了自己的成功。

同样，如果想让自己工作得轻松些，也要学会放弃。每个人的存在都是合理的，谁都没有资格过多地要求别人改变什么。面对各方面带来的压力，只有将一些事情放弃，才能让自己获得成长。

2. 主动寻找快乐，缓解压力

生活中，看到有些人喜欢一边走，一边嘴里哼哼歌曲。旁人问起来，他们只会呵呵一笑。说："瞎乐呵！"其实，这种方式也是一种缓解压力的好方法。为了排解压力，完全可以通过其他的方式来寻找一些快乐，比如：可以运动、唱歌、朋友聚会，包括喝酒打牌、阅读、上网聊天等。也可以增长一点知识技艺，比如背一首宋词等。自己的点滴进步、事业的发展都是一个人快乐的源泉，就看你会不会主动去寻找了。

3. 主动将一些重担分担出去

善于把自己从事务性工作解脱出来也是缓解压力的方法。领导者不要总是事必躬亲，应多思考宏观、提出方向、正确决策。

《史记》中有这样一个故事：

有一次，孔子的学生子贱奉命担任某地方的官吏。他到任以后，经常会弹琴自娱，却将政事放在一边，可是他所管辖的地方却治理得井井有条，民兴业旺。

那位卸任的官吏百思不得其解，因为他每天起早摸黑，从早忙到晚，也没有把地方治好。于是，他便向子贱请教："为什么你能治理得这么好？"子贱回答说："你只靠自己的力量去治理，所以十分辛苦；而我却是借助别人的力量来完成任务。"

现代企业中，很多领导者都喜欢把一切事揽在身上，事必躬亲，管这管那；整天都忙忙碌碌，被公司的大小事务搞得焦头烂额。其实，卓越的领导者一般都会正确利用下属的力量，发挥团队的协作精神，使团队很快成熟起来。

在管理中，"少"就是"多"！抓得少，收获就多。领导者，要管头管脚——统筹全局，但不能从头管到脚——事事参与。如果能够像子贱一样真正做到放权，不仅可以提高公司效益，还能让自己轻松一点，何乐而不为？

4. 乐观豁达，开阔胸怀

追求个人心智完善，保持纯正境界，胸怀乐观豁达，对于领导者来说，也是减压的重要方法。有这样一个故事：

清朝康熙年间，有个大学士名叫张英。一天，张英收到家信，说家人为了争三尺宽的宅基地，与邻居发生了纠纷，要他用职权疏通关系，打赢这场官司。

张英读完信后，坦然一笑，挥笔写了一封信，并附诗一首："千里修书只为墙，让他三尺有何妨？万里长城今犹在，不见当年秦始皇。"

家人收到信后，便让出了三尺宅基地。邻居看到这样，也主动相让，结果就有了著名的"六尺巷"。

可以想象，如果张英收到信后气愤填膺，大动干戈，家人和邻居的矛盾定然会加剧。矛盾越大，气愤越大，事情的结果就很难想象了。可喜的是，张英采取了礼让的态度，不仅消减了邻居的怨气，还化解了彼此的矛盾。

5. 不要神化了自己

有些领导者自以为是，觉得自己在公司不可一世，觉得离开了自己，公司就会塌掉。可是，要知道，明智的领导者一般都不会这样想。在强调自己责任感的同时，不要认为自己就是救世主，不要认为自己是万能的。要记住：地球离了谁都会转！

6. 工作之余多休息

减缓压力的一个有效方法就是学会休息，这也是保持身体健康和精力充沛的需要。虽然说，领导者为了企业的发展免不了应酬、少不了辛苦，可是依然要在忙碌之余学会休息。要减少一些应酬，多休息，多静思，如此不仅有利于身心健康，还有利于恢复精力。

专注于当务之急，把握主要矛盾

在管理企业的过程中，领导者需要面临的事情有很多，他们经常会感到焦头烂额。尤其对于没有稳定经营或管理理念的领导者来说，面对方方面面的事务，更容易找不着方向，抓不住重点。如果做事的时候分不清轻重缓急，即使累得半死，也得不到一个"好"字。

一天，美国伯利恒钢铁公司总裁查理斯·舒瓦普向效率专家艾维·利请教："如何才能更好地执行计划？"艾维·利回答说："给我10分钟，我给你一样东西，这东西能让你们公司的业绩提高50%。"

然后，艾维·利便递给舒瓦普一张空白纸，说："请在这张纸上写下你明天要做的6件最重要的事。"舒瓦普很快就写好了，一共花去5分钟。

艾维·利接着说："现在，用数字标明每件事情对于你和公司的重要性。"舒瓦普又花了5分钟。

艾维·利说："好！现在，把这张纸放进口袋，明天早上来到公司后，第一件事是把纸条拿出来，着手办第一件事，直至完成为止。然后用同样的方法对待第2项、第3项……直到你下班为止。如果只做完第一件事，那不要紧，因为你一直都在做最重要的事情。"

艾维·利最后说："每一天都要这样做——你刚才看见了，只花费了你10分钟时间。如果你觉得这种方法好，就可以让公司的人都这样做。这个试验，你想做多长时间就做多长时间，然后将支票寄给我，你认为值多少就给我多少。"

一个月后，舒瓦普给艾维·利寄去一张2.5万美元的支票，还有一封信。信中说，那是他一生中最有价值的一课。5年之后，这个当年不为人知的小钢铁厂一跃成为世界上最大的独立钢铁厂。不可否认，艾维·利提出的方法发挥了重要的作用。

这个故事告诉我们：重要的事情先做，要集中精力将第一件事做好，不要去忙忙碌碌地解决所有问题，更不能花费自己宝贵的时间去做不正确的事；要对外部世界多一些关注，积极把握机会，做好正确的事，如此才能给企业带来最佳的效益。

每天，领导者都会遇到很多事情，但理顺程序、分清事情的轻重缓急才是最重要的。当你将所有的事情按重要性先后排序，并坚持这个原则去做时，你会发现再没有其他办法比按重要性办事更能有效利用时间。

1. 先将一件事情做好，再做其他的

有句话说："一个人一生中只能做一件事。"排除极个别的天才人

物，绝大多数成功者都是致力于一件事情，数十年如一日地做，将一件事做好了，接着再追求更好的。

任何事情的成功都不可能一蹴而就，而人的能力与时间又极为有限，一味地贪多，只会让你一事无成。所以，卓有成效的领导者总是把重要的事情放在前面做，一次只做一件事，而不是随便拿来一件事就做。

2. 把握今天，重视今天

如果想将精力放在一件事情上，首先就要摆脱掉已经不具有价值的过去，不能被昨天繁杂的文件和思想困住手脚，积极抓住今天。

卓有成效的领导者会定期对自己和下属的计划进行回顾和检查，会提出问题："假如我们还没有做这件事情，现在我们该不该来做这件事情？"除非答案是绝对"肯定"，否则，他们就会放弃这件事情，或者暂时先将其搁置起来。

对于许多企业来说，"创造性"根本不成问题。但企业内部环境复杂、机构僵化，新的观念和创意被统统扼杀。如果能够定期审查各种活动，把创造不出效益的部分删除掉，即使最顽固不化的官僚机构也会在激发创造性上做出成绩。

3. 抓好20%的业务

根据"二八法则"，要集中力量抓住创造了80%业绩的20%业务，不要把80%的收入和精力投到只能带来20%收益的业务中去。优秀的领导者都能分清工作的轻重缓急，都知道哪些事情应该先办、哪些事情应该后做。

具体事务大胆放权，注意控制整体节奏

有人将放权比喻为放风筝，认为对权力要"舍得放，敢于放，放而要高，高而线韧，收放自如"。其实，企业放权远不是那么轻松。

常见的"放权"难处

在"放权"的问题上，领导者经常会遇到这样一些问题：

1. 不敢放权

韩非子曾经说过："下君尽己之能，中君尽人之力，上君尽人之智。"敢于放权并善于放权，是领导者成熟的表现，又是领导者取得成就的基础和条件。

有些领导者之所以不敢放权，主要是因为不信任对方，无法确定对方的能力。对于中层来说，一提到放权，本质上都是要涉及钱和资源的调用。而领导者只有在确信下属的能力可以用好这些资源后，才能真正做到充分放权。否则，即使给他们授了权，也是空文一张，最终的决策权依然在高层手中。

2. 不会放权

有些企业认为自己缺乏管理人才，但很多情况并不是员工本身的问题，而是企业自身没有将人用好。问题矛盾的核心就是授权机制，如果处理不好这个问题，就容易出现很多问题。

（1）权责不统一

有些领导者在制定任务时会说："今年销售额提高多少，成本降低多少……"这种说法只明确了目标或责任，没有明确权利。所以一旦出现了问题，下属就会认为自己没有得到授权，其潜台词是："我要的资源你没有给我，我完不成任务不是我的错，而是你的错。"

（2）有权不敢用

很多企业老总认为，给下属放了权，可是对方不会用。其实，不是不会用，更多的时候是不敢用。只要有权力，就存在决策风险，为了减少风险，有的下属就会不用权。

（3）制度不匹配

有的领导者讲："我们的授权很明确，分公司多少，总监多少……"但流程上最终的审批还是掌握在自己手中，这样的放权形同虚设。如果出了问题，也没有办法追究，因为是你签字，签字就要承担责任。

成功有效放权的要诀

在企业内，从头开始推动放权文化确实比较困难。但是，一旦推动成功，就能将员工的主动性充分调动起来。优秀的领导者一般都会这样有效放权：

1. 先列清单再放权

简单来说，可以先列出每天自己所要做的事，再根据"不可取代性"和"重要性"删去"非自己做不可"的事，剩下的就是"可放权事项清单"了。这样做，会更有系统、有条理。

2. 找到合适的放权之人

在授权之前，要明确这样一个问题：要将权力放给谁。你所指定的人，如果经验多但对于该项任务不擅长或意愿较低，未必会比经验少、有心学习而跃跃欲试的人更适合。因此，要将权利放给后者。

3. 弄明白放权的限度

如果授权不清，有些员工就会自作主张，做出一些超出自己权力范围的事。因此，最好在放权时交待好"底限"，一旦快触碰到了，就应该刹车，不要擅自跨过界限。

4. 明确任务完成的指标与期限

放权不仅仅是将工作丢给员工，还要让他明白领导者期盼什么，因此，要让员工了解：必须达到哪些具体目标、必须在什么时间内完成……一旦明确了这些内容，员工也就掌握了基本的行动方向。

5. 给员工提供一些支持

要告诉员工，当他们有问题时，可以向谁求助；同时，要为他们提供他们所需的工具或场所。当领导者把自己的工作分配给员工时，还要将权力一起交给他。此外，要让员工了解，他们日后依然可以向你寻求意见和支持。

6. 放权后要适时做些指导

将权力下放给员工后，不能不闻不问，不能干等员工将工作成果捧上来。虽然不能总是紧盯某个下属不放，但依然要注意员工的状况，适时给他们一些"这儿不错""那样可能会比较好"之类的意见提点。如果某项工作需要按时完成，可以提醒他注意进度与时间。

7. 及时总结，及时改进

放权后，领导者要找员工讨论他这次的表现，及时检讨改进；也可以让员工描述一下自己在这次工作中学到了什么。然后，再配合自己观察到的状况，为下次放权做参考。

8. 放了权就不要干涉太多

与其紧迫盯人，不如在开始时就交待清楚，然后放手让员工去做。这样，领导者既可以省一些精力，也可以让下属最大程度地发挥自己的能力。

9. 放权也要从小事做起

即使只是一件寻常不过的小事，也可以"放权"，不一定要是什么大方案、大计划。尤其对于新进员工，从小事开始对他们放权，可以训练他们负责任的态度，建立他们的自信。

10. 不问老员工"懂了吗"

在给下属授权的时候，有些领导者习惯性地会问员工"懂了吗？""我讲的你明白了吗？"这时候，对细节还不太懂的老员工都会反射性地回答"知道""明白"，因为他们不想当场被你看扁。可是，这样做对于提高授权的有效性是非常不利的！

保护来自非权威领导者的声音

许多公司都存在这样一个问题：上下级沟通的时间不足，特别是在发现情况不对的时候。

一旦领导者要求开诚布公地进行沟通，让下属如实反映情况是一回事，有足够的勇气来畅所欲言则完全是另一回事。

真正关心企业的员工很可能会提出一些尖锐问题，并因此引起某些人的不满，这时候，就要对这些员工采取一定的保护措施，因为他们直指组织的内部矛盾，可以激发组织成员进行认真反思。

为了了解员工的情绪和工作情况，通用汽车首席执行官丹·阿克森在工作时间经常会定时到员工上班的地方去走走。他一边走，一边征询意见。如果听说了什么消息，他立刻就会感谢这个人的开诚布公。

丹·阿克森和员工在一起的时候，从来都不会羞羞答答。为了扭转经营局面，他要求自己的团队"直言不讳，但要有礼貌"。就连重新考虑办公室布局都有可能是一项明智之举，原因是人们很容易把墙壁视为障碍。尽管现在远程办公群体在无限壮大，但管理者依然可以通过手中的技术来协助人们在工作场所中进行坦诚而频繁的交流。

无论员工是在地球的另一边，还是在隔壁，领导者都得主动亲近他们，多和他们沟通，因为只有打开言路，才可以得到更多的反馈意见。

建立顺畅沟通的氛围要从最高层着手，领导者要为其他负责人定好基调，不要出现因言获罪的事例，否则会让管理层信誉扫地。

美国密歇根大学社会研究院发现，凡是公司中有对工作不满的人，一定比没有这种人或有这种人而把怨言埋在肚里的公司要成功得多。在企业工作时间长了，有些员工就会产生怨言，如果能够鼓励下属将不满发泄出来，领导者就容易发现经营中存在的问题；把问题解决了，工作效率就会提高，企业发展也会顺利很多。

日本著名电器公司的创始者松下是一位卓越的领导者，他允许员工当面发表不满。第二次世界战以前，有一位候补员工就向松下发表过不满。那时，松下电器把员工分成一、二、三等和候补四级。有一位候补员工虽然工作很努力，却迟迟未获升迁，于是，他便直截了当地对松下说："我已经在公司工作很长时间了，自认为对公司的贡献不小，早已具备了做三等员工的资格。可是直到现在，我也没有接到升级令。是不是我的努力还不够？如果真是如此，我愿意多接受一些指导。但事实上，恐怕是公司忘了我的升级了吧？"

松下非常重视这件事，立即责成人事部门查处，果然是漏办了升级手续。接着，除了立即发布升级令外，松下还明确表示，特别赞赏这种坦白的请求。松下鼓励大家把不满表达出来，而不是闷在心里，因为那样只能增加自己的内心痛苦，对公司发展是不会有好处的。

还有一次，一个员工被批发商狠狠骂了一顿，说："松下的电器质量不过关，不如去开烤白薯店，别再制造电器了。"员工如实地向松下做了报告。接着，松下就亲自拜访了这位批发商，表示歉意。批发商因为一时的怒气而发了一通牢骚，没想到却引得社长亲自拜访，感到很不好意思。从那以后，松下与这家批发商的关系更加密切了。

不管采取什么方法和举措，都是为了公司的发展，说到底，也是为了员工的福祉。公司是大家的，就应该由大家来维护。只有让员工毫不保留地将自己的不满和建议提出来，才能实现人和。而提案，尤其是充分的、来自不同方面的提案，正是业绩取得的关键。

记住，牢骚是改变不合理现状的催化剂。虽然很多领导都不愿意听到这些声音，可是依然要认真对待。如此，只能增加自己的魅力，和下属建立起亲密的关系。

1. 主动和下属保持联系

要努力寻找亲近下属的机会，并且是真心真意的；同时，要懂得人心向背，抓住时机掏出红包鼓励下属。

微笑是领导者送给员工的第一张名片，可以及时化解员工所有的不安和怀疑。要主动接近员工，恭听员工的各种意见。

2. 掌握一定的谈话策略

和下属沟通问题的时候，要机智一些，不能过于直爽，不要想到什么就说什么。在下属谈起某件事时，即使他说的跟你想听的有很密切的关系，也要提前停顿一秒钟，让自己理清思路。如果你准备陈述自己的观点，首先就要告诉他，你已经听明白了他所说的。

注意，你之所以要和下属交谈，是想从他们那里学到东西，并不是要在谈话中击败他们。如果发现他们所说的很有道理，就要点头或微笑示意，或者直接说出来。如果你有不同意见，可以表示出忧虑，但要为对方保留尊严。

3. 加强学习，提高个人能力

领导者必须努力学习，不断地吸取新知识，增长才干和能力，让自己具备多谋善断的决策才能、知人善用的经营才能、运筹帷幄的指挥能力、顺应时代的创新能力，以及必要的应变能力等。只有这样，才能为下级所佩服、依赖、服从。那么，如何才能做到这一点呢？

（1）从书本中学习系统的理论知识和新的思想与观念，以此来增长知识、开拓眼界。

（2）在社会中学习。要敢于借鉴别人的好思想、好作风、好方法。

（3）在日常生活、工作的各方面留心学习，做个有心人，不断积累经验、提高个人能力。

4. 注重修养，提高个人素质

要影响别人，先要影响别人的思维，做一个有思想的人，让自己崇高。因此，必须注意加强自身的内在修养。

那么，如何才能做到这一点呢？

首先，要与下属打成一片。即使你的权力再大、能力再强，如果高高在上，也会成为孤家寡人，得不到下属的支持和拥戴，因此，领导者必须重视群众，获得群众的支持与追随。

其次，要有良好的作风。必须远离那些不说实话、不干实事、不求实效的不良风气，充分调动下属的积极性、创造性和能动性，鼓励大家团结一致，做好工作。

再次，要树立公仆形象。一个受人爱戴的领导者首先必须是一位诚心诚意为他人服务的公仆。领导者一定要牢牢树立公仆意识，以孺子牛的姿态为员工服务。

领导力小测试

你有足够的感召力吗?

做做下面的题，看看自己的感召力如何。

1. 当员工向你汇报目前的工作情况时，你会：

A. 认真地听取汇报。

B. 偶尔忍不住会对员工训话。

C. 喜欢批评员工以表现自己。

2. 向员工宣布企业的规章制度时，你会：

A. 反复阐述，之后充分信任员工。

B. 点到为止，让员工自行领会。

C. 强制员工接受，并严格监督。

3. 对员工的不同意见，你总是：

A. 乐于接受正确意见。

B. 比较喜欢听话的员工。

C. 自以为是。

4. 在帮助员工方面，你：

A. 善于体察民情，有时会为特殊情况破例。

B．只关心员工工作，很少过问其个人生活。

C．认为员工拿了工资，就该为企业工作，无须帮助他们。

5．在团队协作中，你：

A．会及时发现员工问题所在，并帮其解决。

B．高兴时才会指点一二。

C．只关注结果。

6．对于员工的期望，你会：

A．时常关注并尽力满足员工的合理要求。

B．更希望员工了解你对他们的期望。

C．不愿意花时间了解员工的内心世界。

7．当员工完成自己的工作任务后，你会：

A．明白地给出评价，认可其成绩，或者给其提供改正错误的机会。

B．将员工的成绩归功于自己的领导有方。

C．不关心员工的工作成果，从不过问。

8．在对员工的信任方面：

A．你常给员工鼓气，让他们满怀信心地工作。

B．你更希望员工信任你。

C．你总认为自己的能力比他们都强，很少信任他人。

9．下达工作指令时，你常说的一句话是：

A．放手去做，有困难就提。

B．要尽快完成，有事多汇报。

C．任务完成不了，别来见我。

10.对企业愿景的描述：

A．你善于勾勒出振奋人心的企业愿景。

B．你所描绘的愿景让人有畏难情绪。

C．你只要求员工做好眼前的事，没有什么愿景。

测试结果：

标准：选A得3分，选B得2分，选C得1分，最后将分数汇总。

24～30分：你有很强的感召力，在感情上贴近员工，能为员工考虑，会帮助员工成长。你能获得员工的敬重，在企业具有权威、核心的领导地位。

17～23分：你具有一定的感召力，但喜欢以自我为中心，喜欢表达自己。喜欢自我表现，削弱了你的领导魅力，最终导致感召力下降。

10～16分：你的管理风格偏硬，管理缺乏人情味，很容易让上下级之间的矛盾上升为劳资双方之间的冲突，所以快速提升个人感召力是很有必要的。

五步曲全面提升
强势领导力

领导力的提升不能一蹴而就。首先，要以身作则；接着，要突破定式思维的界限；接着，要相机而动；同时，还要善于经营人才、勇于变革……这几个步骤缺一不可，缺少了任何一步，都会减弱领导力的提升。

以身作则：身先以率人，律己以服人

作为一位领导者，你可曾仔细想过以下问题，并从中找到真正的答案：

为什么许多员工在没有加班费的情况下，仍然自愿、辛苦地加班？

为什么总有一批人愿意为你所设定的目标全力以赴？

为什么总有一批人为你毫无保留地奉献他所有的才智？

多年来，许多人一直不断地思索这些问题，最后终于得出一个惊人的答案：成功的领导者，在于个人所展现的威信和魅力以及权力行使。而这种威信与魅力，正是来自于领导者自身的行为。

第二次世界大战时期，美国著名将领巴顿将军就是这样一位领导者。他曾经说过这样一句非常著名的话："在战争中有这样一条真理：士兵什么也不是，将领却是一切……"巴顿将军为什么要这样说？让我们先来看下面的故事：

有一次，巴顿将军带领部队行进，汽车陷入了深泥。巴顿将军大声喊着："你们这帮混蛋，赶快下车，把车推出来。"所有的人都下了车，按照命令开始推车。

在大家的共同努力下，车终于被推了出来。当一个士兵正准备抹去自己身上的污泥时，惊讶地发现身边那个弄得浑身都是污泥的人竟然是巴顿。

士兵将这件事记在心里，直到巴顿将军去世。在将军的葬礼上，士兵对巴顿的遗孀说起了这件事。这个士兵最后说："是的，夫人，我们敬佩他！"

看完这个故事，不难发现：士兵的状态，取决于将领的状态；将领所展示出来的形象，就是士兵学习的标杆！这个道理不光在军队适用，在任何一个企业中都适用。凡是能够带领团队取得成功的领导者，必定会以身作则、身体力行。

古语说："己欲立而立人，己欲达而达人"，这句话的意思是，只有自己愿意去做的事，才能要求别人去做；只有自己能够做到的事，才能要求别人也做到。作为现代领导者，只有以身作则，才能用无声的语言说服员工，才能提高亲和力，才能形成高度的凝聚力。

美国玫琳凯化妆品公司以"领导者以身作则"为所有管理人员的准则。公司创始人玫琳凯·艾施每天都会把未完成的工作带回家继续做完，她的工作信条是："今天的事绝不拖到明天"，她从来没有要求员工也这么做，但她的助理和七位秘书都具有这样的工作风格。

为了使公司的产品扩大影响，玫琳凯·艾施从来不用其他公司生产的化妆品，也绝不允许公司下属使用其他公司的化妆品。

所谓以身作则就是，应该把"照我说的做"改为"照我做的做"。总对员工说"照我说的做"是下下之策，真正的上上之策应该是"照我做的做"。领导者只有严格地要求自己，发挥好带头表率作用，才能具备说服力，才能增强企业的凝聚力。

领导者是一个企业的先锋，也是员工体会公司文化和价值观的第一个接触点，自己本身的工作能力、行为方式、思维方法甚至喜好都会对成员产生巨大的影响。作为领导者，就一定要勇当下级学习的标杆。

有一天，美国IBM公司老板汤姆斯·沃森带着客人去参观厂房，走到厂门时，被警卫拦住："对不起，先生，你不能进去，我们IBM的厂区识别牌是浅蓝色的，行政大楼工作人员的识别牌是粉红色的，你们所佩戴的识别牌说明你们是不能进入厂区的。"

董事长助理彼特对警卫叫道："这是我们的大老板，陪重要的客人参观。"警卫人员回答说："这是公司的规定，必须按规定办事！"结果，汤姆斯·沃森笑着说："他讲得对，快把识别牌换一下。"所有的人很快就去换了识别牌。

领导者行为的影响力远胜过权力！领导者本人首先要理解企业的价值导向，让自己成为企业的代言人，正如IBM所有的管理层都被染成"深蓝色"一样，如此才能将企业的要求传递给员工，在不断的效仿、强化过程中形成一支步调一致的队伍。

规则是给员工制定的，也是给自己制定的。如果领导者自己都不遵守规则，如何要求团队的其他成员来遵守？在企业中，最容易破坏制度的人往往就是制定制度的人，有时甚至就是领导者本人。比如：大厅中明明写着"请勿吸烟"，可是烟瘾上来了，就会抽一支，可是由于你是领导，别人也不敢讲什么。

规则就是规则，确定下来的规则就要坚决执行。企业不缺乏规则，缺乏的是以身作则的理念和意识。领导者要发挥自己的标杆作用，永远站在队伍的最前方，给员工以榜样、力量、方向、方法，带领整个团队昂首阔步地向前迈进。因此，在带领自己的团队时，一定要时刻牢记，你不只是领头羊，更是指挥家！

突破定式思维界限，激发强势领导潜能

思维是一种习惯，当面临环境的变化、变革，需要作出某种选择时，并不易改变，这就是思维定式的特性。思维定式有时有助于问题的解决，有时也会妨碍问题的解决。强势领导者一般都会突破定式思维的界限，激发出自己的领导潜能！

1930年，心理学家迈尔对思维定式在解决问题中的作用进行过研究。

在他的实验中，对部分参与者利用指导语予以指向性的暗示，对另一些参加者则不予以指向性暗示。结果，前者中绝大多数都能解决问题，而后者则几乎没有一个人能解决问题。

这是定式对于解决问题的帮助作用。同时，定势对问题解决也有妨碍作用，此情况在很多现实事件中都可以看到。

例子1：

拿破仑被流放到圣赫勒拿岛后，一位善于谋略的密友通过秘密方式给他捎来一副用象牙和软玉制成的国际象棋。拿破仑非常喜欢，每天一个人都要默默地下几盘，打发寂寞痛苦的时光。

拿破仑死后，这副象棋经过多次转手拍卖，最后转到了一个中年人手里。这个人也非常喜欢这副象棋，经常会拿出来把玩，一次偶然的机会，他突然发现，有一枚棋子的底部居然可以打开，里面塞有一张如何逃出圣赫勒拿岛的详细计划！

例子2：

阿伯特·卡米洛是著名的心算家，他从来都没有失算过。

这一天表演时，有人上台给他出了道题："一辆载着283名旅客的火车驶进车站，有87人下车，65人上车；到了下一站，下去49人，上来112人；再下一站又下去37人，上来96人；再再下站又下去74人，上来69人；再再再下一站又下去17人，上来23人……"

那人刚说完，卡米洛便脱口回答："小儿科！告诉你，火车上一共还有……"

"不，"那人拦住他说，"我是请您算出火车一共停了多少站。"

卡米洛呆住了，因为他只顾着计算人数了，根本就没有留意站台数。这组简单的加减法成了他的"滑铁卢"。

两个故事，两个遗憾！他们的失败，其实都是败在思维定式上。军事家拿破仑想的只是消遣，心算家思考的只是老生常谈的数字。由此可见，在自己的思维定式里打转，即使是天才，也会走进死胡同。

无数事实证明，伟大的创造、天才的发现，都是从突破思维定式开始的！客观事物千差万别，周围的环境总在不断变化，仅仅凭借已有的经验、知识去认识新事物，很容易在认识上出现偏差。作为领导者，要想激发自己的领导潜能，就要积极突破自己的思维定式！

1. 不要过度依赖"先例"

遇到问题时，大多数人都是先提出事例，然后分析现状，归纳出焦点问题，最后站在各自的立场上设计出解决方案。但其实，能够分析现状，指出焦点问题，只不过是"打算思考"，这种反省方式只是思考的起点。

在信息瞬息万变的今天，先例的借鉴性将越来越小，如果想提高做事效率，一定要摆脱依赖和效仿心理。首先，就要养成发现不同之处的习惯。任何事物都是独一无二的，要设定不同的环境，认真思考。其次，考虑问题时，要明确站在某个人的角度去思考立场问题、场所问题和时间问题。当你将"人、场景、时间"这三者放在一起思考时，很容易发现所有条件中的不同点。

2. 不要唯工作手册是从

在职场中，"作业手册"和"工作流程"等虽然有助于业务水平的提升，但机械地照章行事也容易让人丧失思考能力。那么，究竟怎么做才是启动思考呢？

（1）把核心目的进行分类

人的最基本的"目的"可以分为5类，如表4-1所示：

表4-1　人类核心目的

类别	说明
研究类问题	事物的本质、真相是什么
管理、监督类问题	其基准是什么
学习类问题	其目标是什么
评价类问题	该标准是什么
规划、计划、设计类问题	怎样制订规划

在思考问题的种类时，如果仅仅说这是财务、人事、物流、施工等问题，不搞清楚问题的性质，也就无法找到有效的解决办法。

（2）有步骤地将目的展开

有效的思维方式，定然会将目的有步骤地展开。如果想让员工转变工作中的言行，就要问问自己，转化的目的是什么？激发热情的目的是什么？为何要刺激员工的认识……当一层层地将这些目的展开、剥丝抽茧后，就能够明白：领导者的终极目的并非单纯地改变员工的言行，而是要设法"使之享受工作的乐趣"。

很多时候，人们都会为了"改变言行"而大伤脑筋，可是得出的办法都是教条的"术"。只有找到终极目的"产生思考的乐趣"，想到的办法才会打动人心。

我们之所以要展开目的，并不是要找出唯一的正确答案，而是要从小目的出发，一点点地向更大的目的扩展。因此，讨论问题之前要先问问："目的是什么？"而不只是找出问题。

3. 选择"合适"的信息更有利于决策

在这个信息繁多的时代，按照"分析过去——收集现在的信息——拟定未来"的传统思路，是无法做出正确决策的。而且，在这个过程中，你会发现，对过去和现状等信息收集分析得越多，就越看不清未来。过量的信息会让人头脑混乱，洞察不到事物的本质，就会做出错误的判断。

那么，如何收集"适合"的信息？传统的信息收集法是：收集信息—分析—归纳问题点—变更对策—实施。改变思维方式，不仅可以减少信息的收集量，还能够使人提高思维效率。

虽然说，改变禁锢一个人多年的思维习惯，是一件很痛苦的事，但如果继续困在其中，很可能被竞争对手淘汰出局。只有不断突破思维界限，才能享受深入思考所带来的"柳暗花明又一村"的乐趣！

相机而动：始如处子，后如脱兔

什么是"相机而动"？基本含义：观察时机，看到适当机会立即行动。

什么是"始如处子，后如脱兔"？处子：未嫁的女子；脱兔：逃跑的兔子。指的是军队未行动时，像未出嫁的姑娘那样持重；一旦行动起来，就像飞跑的兔子那样敏捷。知道并不等于做到，优秀的领导者通常都善于抓住机会、合理利用机会！

现实中，很多企业之所以能够获得发展，就是因为抓住了机会。不是没机会，而是因为领导者没有用心去留意身边的事情，没有去认真了解，一而再、再而三地错过了许多机会。

机会是什么？就是：别人不知道你知道了，别人不明白你明白了，别人犹豫或不做而你果断地做了。机会总是偏爱少数人，因为大部分人都有一种惰性，喜欢跟风、人云亦云。当别人知道了、明白了、想要做时，你已经成功了！

要想让企业获得长远的发展，要想实现企业的梦想，就要找一个适合自己的舞台，如果想通向这个舞台，就要抓住机会。

在一次中国企业高峰论坛上，一位中国企业家问全球第一CEO杰克·韦尔奇："我们知道的都差不多，为什么我们与你们的差距却那么大？"杰克·韦尔奇一字一句地回答说："你们知道了，但我们做到了。"

世界上最远的距离在于知与行之间，只要将这个距离拉近，就会由普通人变成卓越者。距离拉近的关键在于快速行动。

"马太效应"指的是一种强者愈强、弱者愈弱的现象，其名字源于圣经《新约·马太福音》中的一则寓言："凡有的，还要加给他叫多余；没有的，连他所有的也要夺过来。"

这就告诉我们，只有行动才能发挥潜能。每个人的潜力都是无限的，要想将潜能发挥出来，就要抓住机会，积极行动，让内因产生裂变。

1. 了解行动中经常陷入的困境

仅是简单的道理，谁都可以说出来，一旦落实到实际工作中，人们总会陷入各种困境。一般来说，在行动中经常出现的困境有如下三个方面：

（1）缺少动力

每天记两个单词，几年后或许就可以读懂简单的英文报纸和进行日常英语会话。这个道理谁都懂，但是能够坚持下来的人少之又少。工作中，缺少了精神动力，只能事倍功半。

（2）无法坚持下去

多数领导者在执行新制订的计划时都非常有干劲，但时间一长就会松懈。就像读书计划一样，开始的时候，大家都制订了读书计划，几年以后，也许坚持下来的人还不足10%。

（3）犹豫不决

工作中，有些领导者总是犹豫不决，害怕失败。可是，要知道，只有具备不怕丢面子的勇气，才更容易获得成功。

"成功之人必有过人之处"，成功卓越之人必定有很多值得我们研究和学习的特性。没有所谓的失败，除非不再尝试；不能做梦想的巨人、现实的侏儒，一定要将梦想落实为真正的行动。行动可能没有结果，但不行动一定不会有结果！

2. 养成立即行动的习惯

所有优秀的领导者都有一个共同的习惯——立即行动。尽管这个概念很简单，但是真正掌握它的人却很少。这里就给大家介绍一些方法。

（1）只要发现机会的苗头就行动

如果等待时机成熟才行动，你可能永远都等不到。事情总有不合理的一面，不管是时间流逝，还是市场下滑，或是存在太多的竞争。在真实世界里，你永远等不到完美的时机，因此一定要立即行动；问题只要一出现，就要将其解决掉；只要一发现机会的苗头，就要赶快抓住。

（2）多做一些，少想一些

如果想锻炼身体，或者有好的想法要告诉老板，现在就去做！想法停留在脑子里的时间越长，就会变得越弱。也许过不了几天，细节就会变得模糊。一周过去，甚至还会完全忘记它。要想成为行动家，需要做的事情更多，因此，一定要多做而不是去想。

（3）有了想法，立刻行动

想法虽然重要，但是只有在实现了以后才会变得有价值。一个付诸实际的普通想法要比成千上万个不去实现的天才想法实际得多。如果你有一个好想法，就立刻去向老板汇报吧，否则，它永远也不会变成现实。

（4）行动起来，恐惧就会减少

即使是经验丰富的演讲家，他上台演讲时也会感到一些焦虑，可是一旦事情开始了，恐惧就会立刻消失。由此可见，行动是治愈恐惧的最好良药。最难开始行动的时间就是刚开始的时候，球一旦开始滚动，事情也会变得简单起来。

（5）提高创造力，激发创造力

很多人认为，创造性工作只会在有灵感的时候产生。其实，如果一直等着灵感来敲门，成绩就会少得可怜。因此，要及时开启你的创造引擎，积极发挥你的创造力。

（6）活在当下，抓住现在

要关注目前你能做什么，不要担心上周本该完成的事或者你明天要完成的任务，你唯一能支配的时间就是现在。如果你对过去或者未来猜测太多，不再做任何事情，你将永远没有收获。

（7）少些无关的工作，立即完成

在开会之前，很多领导者都会先私下交流一下，或者查看一下E-mail……这些干扰会花费你大量的时间，如果能绕过它们，立即工作，就会成为一个高效的人，别人也会把你当作领导者来看待。

经营人才：时刻保持换位思考

英国有一个谚语："要想知道别人的鞋子合不合脚，穿上别人的鞋子走一英里。"说的就是换位思维。

对领导者来说，要想处理好上下级关系，就要学会换位思考；要使你的决策和管理更有针对性，也要具备换位思维；要提升你的素质，开阔视野，换位思维同样发挥着不可替代的作用。

领导者如果能够站在下属的立场考虑问题，他们的所思所想、所喜所忌，就都会进入你的视线中。在各种事务中，你就可以从容应对了，要么伸出理解的援手，要么防范对方的恶招。

杰克在一家咨询公司担任项目经理，他精力充沛，平时喜欢运动，重视鼓励年轻下属玩网球、手球、划船等体育性的活动，因此，公司的氛围很活。然而，这里就出现了一个问题——病弱和年老的员工无法加入他们的活动，这些员工心理就有些不平衡。

杰克每隔一段时间就会举办一次这样的活动，有的人体力不堪重负，经过数次的连续活动之后，问题就出现了。在一次登山活动中，有个人因过度劳累得了感冒，一个人则因高血压而引发了眼疾。但是，杰克没有体会到他们的病痛，对他们漠不关心，之后继续举办各种活动。结果，参加活动的人数就愈来愈少。

直到有一天，杰克自己扭伤了脚，不能活动，处处需要别人的帮助。在调养身体的几个月中，他才亲身体验到病痛者的心理，于是，他恍然大悟，知道自己平时对员工缺乏关心，没有设身处地为他们着想，因而感到非常懊悔。

病愈后，杰克一改往日的作风，不再我行我素，而是经常深入细致地了解下属的真实想法。如此一来，杰克的人气就变得越来越旺，他很快被提升到了总经理的位子。此后，每当过年或节日时，他都会亲自去探望生病的下属，满足他们的需要，为他们多方奔走……很快，杰克便赢得了下属的信服与尊敬。

由此可见，只有细心观察、将心比心，你才能成为一名深得人心的好领导。希望别人怎样待你，你就要怎样对待别人！人们都不愿意跟随对自己漠不关心的领导者。

人的位置不同，看法想法也各不相同。在企业，领导者和被领导者所处位置不同，必然会导致双方在思想、行为上的不统一。优秀的领导者会激发员工的工作热情，促进企业的健康发展；反之，会引起员工的反感，甚至抵触。

企业犹如一艘大船，想要乘风破浪，必须依赖于全体人员的力量，当全队发生矛盾、出现不和谐时，领导者就要多换位思考！

1. 尊重下属的想法

松下幸之助在谈到其管理之道时对人说："我个人要做很多决定，并要批准他人的很多决定。实际上，只有40%的决策是我真正认同的，余下的60%是我有所保留的，或我觉得过得去的。"每个人面对自己的工作都拥有更多的"知情权""发言权"。要知道，好的想法都是来自基层的，尊重和听取下属的想法是一个明智的选择。

2. 不要对下属"挑刺儿"

许多的领导喜欢对下属的意见和想法横挑鼻子竖挑眼，动不动就把下属的见解给"枪毙"了，这样必然会直接打击下属的积极性和主动性。可是，你的想法并不一定比下属的想法更合理，有时下属的想法会更合乎实际，也更加有效。

每当自己想要否定下属的想法时，一位非常能干的CEO都要做个深呼吸，问自己"我要说出的话有价值吗？"最终他庆幸地发现，他想要说的话竟然三分之二都是没有多大价值的。不能轻易否定下属的想法，否则，很容易把下属发自内心的好想法扼杀掉。

3. 引导下属按照你的想法去做

要想让下属愉快地工作，将他们的潜力充分挖掘出来，就不要直接说出自己的想法，要启发和引导下属"自觉自愿""心情愉快"地按照你的想法和思路去做。

当一个人处于主动而不是被动状态下的时候，他的潜在能力和热情就会得到充分发挥。如果没有下属的自主意识，上面怎么说，下面怎么干，下属的优势和潜力就无法得到发挥，整个组织的生命力也将逐渐萎缩。

勇于变革：走出指挥部，下到最基层

著名的惠普公司拥有一套独有的经营管理方式，这套经营管理方式被其他企业奉为经典，其中核心之一就是"走动式管理"，高管经常会到各个部门之间走动，了解各级员工的工作情况，和他们沟通。因此，能够更好地了解每个部门和员工的情况，能够更有效地决策。

惠普提倡走动式管理，公司规定：经理不仅要制定书面的操作指南，还必须经常亲临现场，了解下情，与工人共同努力解决问题。

这种管理模式与老公司僵化的等级制度相比，令人耳目一新，富有吸引力。公司创始人休利特和帕卡德都喜欢在员工中走动，不是和有空闲的人聊天，就是与科学家和搬运工做简短的闲聊，因此，休利特和帕卡德对自己的公司了如指掌。此外，员工看到老板喜欢和自己沟通，也异常高兴，工作的积极性大增。

贪图舒适的工作环境，肯定不会有卓越的工作效率。对于领导者来说，多到生产一线看看、听听、问问，既有利于和一线员工保持感情融洽和思想沟通，更能够及早发现问题、解决问题。

麦当劳快外店创始人雷·克洛克曾是美国社会最有影响的十大企业家之一。他不喜欢整天坐在办公室里，他把大部分工作时间都用在走动管理上，经常会到各公司、部门走走、看看、听听、问问。

有段时间，麦当劳公司面临严重亏损，克洛克发现其中一个重要原因是公司各职能部门的经理官僚主义思想严重，喜欢躺在舒适的椅背上指手划脚，把许多宝贵的时间耗费在抽烟和闲聊上。于是，克洛克想出一个办法——将所有经理的椅子靠背锯掉。

开始的时候，很多人都诅咒克洛克是个疯子，但后来大家就体会到了他的一番苦心。经理们纷纷走出办公室，深入基层，开展走动管理。及时了解情况，现场解决问题，终于使公司扭亏转盈。

走动式管理是一种新型管理方式，采用这样的管理方式，领导者要身先士卒，与下属打成一片。优秀的领导者会抽空到各个办公室走动，以及时发现员工工作中的问题，及时了解员工的工作困境。

企业是个庞大的机构，如果层级较多，领导者就更需要多走动。走动管理是一种方法或技术，不是一种理论。俗话说得好："动起来，更精彩"，领导者一定要动起来。

1. 将基层作为第二办公室

对于领导者的办公室，下属都会感到一股压力，除了有必须请示的问题，平时下属是不愿经常主动走到办公室里和领导者说话的。领导者走动起来，就会给下属提供一个沟通的渠道。如果领导者想从下属那里了解到更多的信息，就不要整天待在办公室里等下属上门，而要主动走到下属身边。车间里、市场上都是你的办公场所，办公室只是接待室。

2. 杜绝兴师动众走过场

走动管理，就是倡导亲力亲为，带着一颗轻松和关切的心去走动，而不是带着八面威风去体察调研。主动接近下属却又兴师动众地走过场，不仅不能发挥应有的效果，反而会让员工离你更远。

3. 边走动，边沟通

有些领导者喜欢扮成"神秘顾客"到市场走动，这样的事情偶尔为之无妨，但是如果把它变成一种嗜好和习惯，就会失去了信任和真诚。走动管理的时候，尽量不要让人感觉到领导者是带着监督的心思去的，在走动现场要多注意工作氛围、人员态度、布局气息等潜在信息。

走动的时候不要一言不发，或暗记在心，秋后算账。基层的执行有时候是创造性的执行，环境是变化的，事情也是不确定的，发现问题最好当面指出来，要给员工留出解释的机会。没有沟通的走动只是一种检查监督，会远离走动管理的本意。

4. 放平心态，降低期望

领导者要将走动管理养成一种自然的习惯，而不要期待每次走动都能有所收获。有时候，走动本身就是让人们看到你的态度，让下属知道你和他们共命运，同呼吸。走动的目的主要在于防患于未然，不必期待每次都能抓住问题。当下属看到你和他们在一起的时候，他们就会鼓足干劲，工作的积极性和主动性自然会提高很多。

5. 走访客户很重要

除了走访员工，管理者走访客户也很重要，经销商是一种专家型的意见反馈者。对客户的走访有利于获得更多更实际有效的信息，出于利益的需要，来自经销商反映的信息往往更直接、更迫切。

6. 主动追踪走访的结果

对领导者而言，走动仅仅是过程，不要走完了就结束了。有些问题如果是当场不能立即改正的，要让下属在固定期限内完成改善工作。走动管理的实施者们在走动过程中最好形成记录或者备忘录，这样便于在再次走访的时候对问题的改进和后续工作进行核对。

领导力小测试

你是决策高手吗？

通过下面的测试题，来看看自己是不是决策高手吧！

1. 你能在决策前发现并确定需要做出决定的问题：

    A．是的。

    B．有时会。

    C．不会。

2. 你会获取尽可能多和尽可能真实的信息：

    A．是的，这样有利于决策。

    B．经常关注，但很难确保取得足够的真实信息。

    C．从不在意信息的积累。

3. 解决问题前，你会拟几个备选方案，以找到更多的解决方式：

    A．是的。

    B．不一定。

    C．这样太浪费时间。

4. 你会让熟悉有关业务的人员参与决策：

    A．是的。

B．有时这样。

C．不会。

5. 你设置了决策机制，并使决策尽量程序化：

　　A．是的，已经设置。

　　B．正在为此努力。

　　C．还没有。

6. 对于重大决策，你会让决策经过不同部门的论证：

　　A．是的，这样会尽可能降低风险。

　　B．偶尔会让跨部门同事去论证。

　　C．目前还没有这样做。

7. 你会实施没有反对意见的决策：

　　A．大家一致赞同的意见肯定没问题。

　　B．多数情况下会立刻实施，但有时实施之前还会想一想。

　　C．不会立刻就做，即使没有人反对也可能存在风险。

8. 你会执行只有一种解决方案的决策：

　　A．是的。

　　B．有时会。

　　C．不会。

9. 做决策时，你总是表现得决心很大，却忽视了具体情况的复杂性：

　　A．是的，我为此犯过错误。

　　B．有时是这样。

　　C．不是，我会综合考虑。

10. 你会让参与决策者的能力与决策的难易程度相匹配：

A．很少如此。

B．有时会这样安排。

C．是的。

11. 对于管理者的个人决策，你会设置一定的制约机制以使其慎重：

A．还没有想过这方面的问题。

B．有这方面的想法，但尚未付诸实施。

C．是的，我已这样做。

12. 对于群体决策，你会对提出建设性意见者进行奖励：

A．没有这样做。

B．偶尔会口头表扬。

C．我会在精神和物质方面同时奖励。

测试结果：

标准：1~6题选A得3分，选B得2分，选C得1分；7~12题选A得1分，选B得2分，选C得3分。最后，将分数加总。

12~20分：你的决策能力较差，需要采用更加合理的方式，集思广益、三思而后行，以此提高决策的正确性。

21~28分：你的决策能力一般。对一些有利于提高决策准确性的步骤或方法，有时能自觉运用，但有可能还没有建立程序化的决策机制，需要在这些方面继续努力。

29~36分：你是决策高手。当然，决策做出后通常会面临不可控的风险，因此，决策慎重一些是对的。

信任是强势
领导力的基石

信任是人与人交往的前提，同样也是领导效果提升的一个基本原则。面对下属时，领导者的信誉比什么都重要。领导者只有信任下属，懂得授权，用人不疑，才能让更多的人追随，也才能得到更多的拥护者和忠诚的员工。

领导者的信誉比什么都重要

作为一个企业领导，应该以身作则，切忌"言而无信"，因为，领导者的信誉比黄金更重要。

有家电子设备公司有两个合伙人，大股东是蒋老板，小股东是郭老板。蒋老板投资最多，除了管钱管账以外，主要负责接业务订单；郭老板则主要负责公司的内部管理。公司刚成立的时候，两个人商量一定要善待员工。

由于分工不同，员工跟郭老板接触最多，加上郭老板为人和善，所以大家都对他挺有好感。一天早上，郭老板早早来到公司，员工小周得知郭老板还没吃早餐，就主动带了一份早餐给他。郭老板非常感动，于是，他在早上开晨会时就宣布：以后大家都不要带早餐了，公司统一负责给大家订早餐，全部免费！办公室里立刻爆发出掌声。

结果，蒋老板听说这事后立刻表示反对，理由是"费用开支太大"。两个老板在办公室里为这事争吵起来，最后不了了之，员工们议论纷纷，对郭老板的态度也有所变化。

企业要想基业长青，必须做到诚信为本、以德经营。案例中的蒋老板精打细算，对员工有些刻薄；而郭老板虽是好心想"信守承诺"，但因能力不能及，在员工心目中也成了"说话不算话"的老板。郭老板对于自己擅自做出的决定，付出了"言而无信"的代价。

领导者与员工只能共苦不能同甘，把员工当成为自己赚钱的工具，离心离德，企业不会有好的发展。领导者的信誉是一种巨大无比的影响力，也是一种无形的财富。如果领导者能赢得下属的信任，众人自然会无怨无悔地服从他、跟随他；反之，如果领导者言而无信、出尔反尔、表里不一，下属就会怀疑他所说的每一句话和所做的每一件事。

史文是一家食品厂的总裁。在公司发展徘徊不前的阶段，他了解到这是由于公司产品质量不过硬造成的。明确问题后，史文开始实施自己的改进计划。他聘请了一位广告策划专家，以轻松愉快的形式向员工灌输产品质量意识，使之成为员工的自觉意识。

此外，史文还经常走出办公室，就产品质量问题和员工们展开讨论、交换意见，由此收集了许多提高产品质量的设想和建议。史文的努力换来了成功：全公司形成了严格的质量意识，公司的销售额也直线上升。

可是没过多长时间，有细心的员工又发现了一个棘手的问题：新出厂的一批罐头虽然在原料方面存在一定的问题，并不符合公司的规定，但受到了顾客的欢迎。是否继续发货？员工把问题交上了史文的办公桌，他们等待着史文的回答。

结果，史文回答说："照发不误！"这句简短的回话毁掉了史文之前关于严抓产品质量的所有努力。他自己制定了关于产品质量的严格标准，并要求每个人严格执行，可是自己却违背了这个原则。史文失去了在员工中间建立起来的威信，以后没有人再相信并认真执行他的决策了。

其实，当员工把要不要发货的报告呈上来的时候，史文就应该清醒地意识到：员工之所以这样做，就是自己严格要求、训练的结果，说明员工是非常重视产品质量的。史文的回答是在告诉他们，所有他制定的要求员工严格遵循的规则都是一纸空文，随时都可以被撕毁、推翻，史文的言行不一是搬了石头砸了自己的脚。

可以预见，员工对史文的所作所为会感到失望。正所谓上行下效，既然领导者都可以言行不一致、出尔反尔，作为下属，就更没必要去遵守制度了。当公司的产品质量一日不如一日，在危急关头想要再次力挽狂澜，恐怕就不是一朝一夕的事了。

作为领导者，制定原则不仅是用来约束员工的，自己还必须率先随时随地遵守，一时的疏忽、轻率会造成毁灭性的灾难。史文的例子是每一位领导者应引以为戒的。

松下幸之助说过："想要使下属相信自己，你必须经过一段漫长的时间，兑现所承诺的每一件事，诚心诚意地做事，让人无可挑剔，才能慢慢地培养出信用。"如果想为自己增加更多的领导者魅力，必须努力做好一件事，让下属认为你是位言行如一的人。

1. 积极提高个人信誉

研究发现，人们愿意跟随他们可以信赖的人，即使这个人的意见与他们不合，也不愿意去跟随意见与他们相合却经常改变立场的人。

前后一致与专心致志是一个人成功的两大因素。这里所说的前后一致是指领导者要言行一致，让人觉得足以信赖。那么，如何让人觉得你是言行如一、值得信赖的领导者呢？

（1）目标一致：领导者的一言一行所传达出来的讯息要与整个企业的目标一致，且保持极为密切的关系。

（2）言行一致：领导者的行为要和自己公开说过的话一致。

（3）风格一致：领导者的沟通方式要直接、坦诚，尽量鼓励下属发表意见。

（4）角色一致：领导者是企业的最高沟通领导者，也是企业主要事务的发言人。不管是对内或对外沟通，都不该借他人之手。

2. 掌握赢得下属信赖的原则

即使领导者的形态有所不同，且每位领导者都有或多或少的缺点，但成功的领导者通常都是言行如一的。在竞争激烈的时代，领导者只有保持言行一致，才会赢得下属的爱戴。如何做到这一点呢？

（1）公私分明：绝不可将私事和公司业务混在一起，要分得一清二楚。

（2）严以律己：公司制度规定的任何事情都要以身示范，绝不能破坏自己颁布的规定和办法。

（3）不要轻易许诺：绝不承诺自己不能做到的事。

（4）用人不疑：用他，就要完全信任他；不信任他，就不要用他。

（5）公平公正：以公平公正的准则来管理公司和人事。

3. 维护自己的声誉，尽量少犯错

优秀的领导者一般会投入很多的时间来培养起自己良好的信用，并且小心维护自己的声誉。领导者必须谨言慎行，一次失信就可能造成永远无法弥补的致命伤，要想建立个人的信用、提高信誉，就尽量不要犯错。

建立信誉要从自己说过的每一句话开始，从自己的每一个行动开始，做到言行一致、诚信待人，这样才能使下属感受到领导者是让人信赖的，才能激发他们更强的责任感。

领导者要有强烈的使命感

1951年，加拿大乔克河附近一座核电站发生泄漏事故。相关负责人赶到现场时，核反应堆已经开始熔毁。如果不能立即拆除核反应堆，必然危及上万人的生命。当时，机器人还无法完成这么复杂的任务，必须有人钻进核反应堆内部去拆除。

情况紧急！负责人立刻向美国原子能委员会求助，很快，一名受过专门训练的海军少尉便前去支援。少尉火速赶到现场，立刻投入"战斗"。他与专家们研究了核反应堆模型后，开始进行拆除演练。拆除一共分为四个步骤，所有步骤都必须准确无误。

演练结束后，少尉穿上防护衣，镇定地开始工作。整个过程，他受到的辐射量是常人一年最大辐射准许量的总和。很多人都以为少尉难以生还，只能在心中祈祷他能坚持六分钟，以完成拆除任务。

幸运的是，少尉不仅圆满地完成了任务，而且还活了下来。后来，他获得了诺贝尔和平奖，还成为了美国总统，他就是吉米·卡特。回忆往事，卡特自豪地说："当你要完成的任务与上万人的性命相连时，你就没有失败的机会。明确自己的责任，就会有勇气跨越困难。"

让卡特成为英雄和领袖的，已经不是他的资源与能力，而是切实的使命感。一个组织里，赋予管理者多少使命感，将决定他能够创造出多少领导力。

企业是让每个成员充分发展的平台，还是将所有的成员捆绑在一起高速运转的机器，完全取决于领导者能否成为自身愿景的"仆人"。

1984年，柳传志的名字像今天中关村众多小公司老板的名字一样，非常普通。但十多年后，柳传志领导下的联想集团却成了民族计算机产业的象征。

柳传志认为，自己之所以会取得这样的成绩，其中一个重要的原因就是，创业之初他已经确立了立意高远的"使命感"。柳传志之所以能执掌联想帅印十多年，和他立意高远有着直接的联系。他总能为联想提出新的发展目标，并为这一目标的实现而鞠躬尽瘁。

柳传志不仅甘于做自身确立的"使命感"的"仆人"，做自身信念的身体力行的"演员"；而且，对于企业中年轻领导者的培养、任用，他也是依据对方是否有充足的"使命感"、是否善于和甘于为这一"使命感"而努力来确定。

研究发现，卓越的领导者除了具有各种能力之外，往往还是出色的执行者和解决问题的"勇士"，而且具有强烈的"使命感"。

使命感是一个人在特定时代对社会和国家赋予的使命的一种感知和认同。使命的意义是什么？人为什么要承担使命？自己的使命是什么？人应该通过怎样的努力，以怎样的实际行动去实现自己的使命？拥有使命感的人会对这些问题做深入思考和感知，并在这种使命感的指导下，完成自己的使命，实现人生的价值。

真正的英雄领袖会发展自己、发展他人，在权力、利益与企业长期发展的使命感面前，他们往往更看重后者。这种使命感界定着领导者生命中最想做的事，使他在全力以赴的同时总能保持谦卑。有了使命感，领导者的愿景也就有了一种特别深刻的意义，使得领导者的目标与理想能够成为领导能力与魅力的核心。

没有忠诚的追随者，就没有强势领导者

在电视剧《虎妈猫爸》里有这样一个片断，当赵薇饰演的毕胜男来到新公司上班时，刚到办公区，就听到一阵责骂声。

杜主管对助理小梦嚷着："笨蛋，这你都弄错？这就是智商问题，你是大学毕业的吗？你们学校应该以你为耻。你去医院看过没有，脑子有病吗？有水吗？有医保吗？赶紧去医院看看。看脑外科，滚！"外面的同事都竖起耳朵听，大家都无心工作。

小梦从主管的办公室走出来，径直走到主管人事的蕾姐身边，说："蕾姐，我不干了。"

蕾姐劝解说："小梦，你别说气话啊。"

小梦说："您不要说了，说什么都没有用。这样的主，我伺候不起。仅算错了一个加减法，她居然一个字不重复地骂了我一上午。"

蕾姐继续劝说着："小梦，你先冷静冷静，好好想想。"

小梦默默地坐到自己的座位上……

蕾姐看了看胜男，说："最后一个也走了。我们去年招了一批大学生，小梦是最后一个，之前那四个都辞职了。杜主管脾气太冲，动不动就骂人。还总说我们建中集团不缺人。"

可以想象，如果杜主管不改变自己的领导方式，即使人力资源部重新招人，结果亦是如此。剧中的情形折射出这样一个道理：员工因企业而来，又因上司而走！资料显示，大多数员工都认为工作中的压力一般都来自于他们的直接上司。

领导力是培养追随者的一种能力，尤其是在困难时期更能体现出来。作为一个领导者，始终要去检讨自己在吸引追随者方面有哪些可以改进的地方，否则是无法带好团队的。高绩效的团队需要一批出类拔萃的管理者，而出类拔萃的管理者应该具有超群的领导力。领导力的精髓就是赢得追随者！

具有强势领导力的人，通常都有一帮"死忠"；而能力强的人，也会紧紧追随自己佩服的人！要让下属死心塌地追随你，要想形成一个凝聚人心、催人奋进、具有强大吸引力的领导核心，仅仅依靠体制和职务赋予的权力是远远不够的，还应该树立领导者权威，还应该拥有众多的追随者！

1. 以宽广的胸怀容纳人

心胸狭窄、满腹猜忌，只会使你在纷繁的事务中紧锁眉头、郁郁寡欢，更别说对下属形成吸引力了。因此，要想赢得他人的追随，就要用宽广的胸怀去对待人事物。

（1）善于倾听各方面的意见

对于很多企业领导来说，最容易听到的是一片赞美声，最不容易听到的是反对声。但是，一片赞美声中却可能隐含着各种不纯的动机，潜伏着不便直说的利益回报期望。只有那些略显微弱的反对声，最可能体现出人间真言、世间真情。

作为领导者，只有敢于甚至得硬着头皮去倾听不同意见和反对意见，才能从中汲取正确的东西，开阔自己的视野，丰富自己的工作思路，才能赢得他人的尊重和拥护。

（2）坦然应对各种复杂局面

天空不可能永远风和日丽，工作也不可能事事顺心。领导者不仅要有"三十功名尘与土，八千里路云和月"的壮志，更应该有"谈笑间，樯橹灰飞烟灭"的豪情。

当工作出现失误时，一味地埋怨，对于事情的解决是没有帮助的，更不能推卸责任。最关键的是，要用强壮的肩膀顶住压力，带领下属摆脱失败的阴影，积蓄力量，向困难发起新一轮挑战。只有如此，才可能把挫折当作走向胜利的又一个起点。

（3）妥善处理各种人际关系

领导者要与各种性格脾气不同的人合作共事，就要妥善处理各种人际关系。如果不懂得处理各种人际关系，很容易得罪人，自然也就不会受到他人的拥戴了。

2. 以高超的领导艺术统率人

统帅下属也是一门艺术。如果想得到下属的认可和信任，就要掌握一定的领导技巧，比如：

（1）知人善任，发挥好每个人的作用

选才用人是领导者的基本职能，善于用人是事业成功的根本保证，人尽其才、才尽其用，是用人的最高标准。只有知人善任，鼓励下属将自己的作用充分发挥出来，才能提高领导效果，这样的管理才是有效的!

（2）适当授权，调动每个人的积极性

俗话说得好："士为知己者死"，当下属感觉到你对他的信任时，就会更加珍惜手中的权力，会加倍焕发出工作热情，把工作积极性发挥到极致，紧密地团结在你的周围，形成一个无坚不摧的战斗集体。

（3）善于激励，增强集体的凝聚力

激励贯穿在领导活动的全过程，是调动、激发广大下属的积极性、创造性的重要手段，是决定领导者行为是否有效的重要因素。因此，要想提高员工的忠诚度，就要采用合适的激励手段，将员工的主动性激发出来，不断增强团队的凝聚力。

3. 以高尚的人格魅力影响人

自然界里，所有的物体都有磁场。领导者要想在企业内形成磁场，就要具有高尚的人格魅力。员工一般都愿意追随人格魅力高尚的领导者，如果想以自己高尚的人格魅力去有效地引导下属，就要做到：

（1）真诚。可以将痛苦埋在心里，可以把笑容挂在脸上，但不能将心灵披上伪装。要想提高自己对下属的影响力，首先就要真诚对待他们。

（2）敬业。可以没有别人聪明，也可以没有别人多才，但却不可以不敬业。如果你整天不是迟到就是早退，下属怎么会信服你？

（3）自律。当领导将高尚的人格魅力展现在所有的员工面前时，无需鼓动、无需召唤，员工定然会紧紧追随你。

4. 以科学的奖罚制度激励人

俗话说得好："相马不如赛马。"卓越的领导者，不仅会运用正式的评价系统，准确、公正、积极地对下属做出考核和评定，还会客观地判断每个人的功与过，以及每个人贡献的绝对量和相对量，公正地决定奖励谁、惩罚谁。

在这个过程中，以"绩效"为主线对下属进行考核是完善激励机制的核心内容。实施绩效考核，不仅能够激发出下属比业绩、论贡献的积极性，还能为发现人才、培养人才、使用人才提供可靠的依据，有效促进下属整体素质的提升。

懂得授权，信任下属的能力

优秀的领导者通常懂得厚积而薄发。领导者能力的优劣，从某种意义上来讲，可以从一个领导者是否懂得授权、是否信任下属方面来进行判断。

被人称为"经营之神"的松下幸之助，每次视察公司的员工时，都会觉得他们比自己优秀，他会对员工说："我对这件事情没有信心，但我相信你一定能够做得到，所以，就交给你去办吧。"他相信，一旦受到信任，员工不但会乐于接受，而且还会竭尽所能地把事情做好。

1926年，公司要在金泽市设立营业所。松下从来没有去过金泽，但经过多方考察，还是认为有必要在那里成立一个营业所。当时，很多领导者都可以背负起这个责任，但是老资格的管理人员必须留在总公司。因为任何一个人离开总公司，都会对总公司的业务造成不利影响。这时，松下想起了一位年轻的业务员。

松下把他找来，对他说："公司决定在金泽设立一个营业所，希望你能去主持这项工作。现在你就立刻去金泽，找个适当的地方，租下房子，设立一个营业所。我已经准备好了一笔资金，让你去从事这项工作。"

听了这番话，年经的业务员大吃一惊。他不解地问："这么重要的职务，让我这个刚进入公司才两年又如此年轻的人去担任，不太合适吧？而且，我也没有经验……"但是，松下对这位年轻人很信赖，几乎用命令的口吻说："没有做不到的事情，我相信你，你一定能够做得到！"

这位年轻的业务员终于下定决心说："我明白了，您就放心让我去做吧。非常感激您能够给我这个机会，实在是光荣之至，我一定会好好地去干的。"

年轻人一到金泽就立即展开准备工作，每天他都会给松下写一封信，将自己的工作进展告诉松下，比如：自己正在找房子、房子已经找到等。很快，他在金泽的筹备工作完全就绪。于是，松下又从大阪派了两三名员工过去，开设了营业所，业务发展相当不错。

松下在谈他的经营哲学时讲到，管理下属的方法、要诀有很多，但最重要的还是能够信赖他人，把工作完全交给他。

接受上级分配下来的工作时，任何一个人都希望得到上级的信任。如果从上级的言谈举止中感受到对自己的不信任，员工工作的积极性就会受挫；反之，则会更加积极主动。

无独有偶，乔布斯对员工的信任甚至超过了员工自己，常常使被信任者做出很多自己想都不曾想过的事。

比尔是苹果公司的一个工程师，一次，他在会上开启了演示程序，屏幕上瞬间覆盖了大大小小的椭圆，速度之快超出了想象，但是乔布斯依然不满足："嗯，圆形和椭圆形不错，但是带圆角的长方形你觉得怎么样？我们是不是也做得出来？"

看到乔布斯非但没有赞扬他这么快画出来的椭圆形，竟然还得寸进尺，比尔有点恼火："不行，根本没门。这真的很难实现，而且我们根本不需要那个玩意儿！"可是，乔布斯突然变得很激动："带圆角的长方形哪儿都有！你看看这个屋子里面，白板、桌子和椅子。"之后，他又指着窗外说："你再看看外面，外面更多，哪儿都是！相信我，比尔，我完全认为你可以做到，尽管去试……"最后，比尔回家研究去了。

第二天下午，比尔带着灿烂的笑容重返办公室。他的演示程序可以画出带漂亮圆角的长方形了，而且跟绘制普通长方形一样快。后来，他们将之命名为"圆角矩形"，这就是我们今天所使用的智能手机、平板电脑上图标的来历。

事实证明，受到信赖、得到全权处理工作的认可，任何员工都会无比兴奋，相应地也会产生责任心而全力以赴去工作。

通常，一个受管理者信任、能够放手做事的人，往往都会有很强的责任心。不管领导者交代了什么事情，员工都会竭尽全力去做好它。

大部分的人都会对被信任心存感激，这样，他们不仅会受到他人的监督，同时也会受到自己良心的监督。这时，员工对工作的期望就会远远超过满足生存需求，其工作内容就会转变为实现自我价值的追求。自然而然地，他们在工作中也就能取得更好的成果。

如果下属接到了上司分配的一项任务，却事事都要向上司请示，一点儿自主权都没有，不能放开手脚去做，工作积极性自然会大大下降；而上司也会因为事事关心而忙碌不堪，工作甚至会因为不能及时请示而被耽搁。

用人不疑，信任激发员工的潜能

提起用人不疑，很多人都会想起一个故事：

张俊是南宋时期的一名武将，一天到后花园散步时，张俊看到一个老兵躺在太阳底下晒太阳，就用脚踢了踢他，问："你怎么慵倦到这种程度？"老兵爬起来，从容地回答说："没事可做，只好睡觉。"

张俊问："那么，你会做什么呢？"老兵回答说："什么事都会一点，比如，贸易之类的事，也稍微知道点儿。"张俊说："我给一万缗铜钱，你去海外跑一趟如何？"老兵回答说："不够忙活的。"

张俊说："给你五万怎么样？"老兵回答说："还是不够。"张俊问："那你需要多少？"老兵说："没有一百万，至少也要五十万。"张俊欣赏他的勇气，立即给了他五十万，任其支配。

老兵首先打造了一艘极其华丽的大船，招聘了能歌善舞的美女和乐师，到处收购绫锦奇玩、珍馐佳果和金银器皿等，征募了十多名将军、上百名兵丁，按照拜访海外诸国的宴乐礼节，演练了一个月后，扬帆渡海而去。

一年后他满载而归，除珍珠、犀角、香料、药材外，还有骏马，获利几十倍。当时很多将帅都缺马，有了这些骏马，军容显得特别雄壮。张俊非常高兴，问老兵："你怎么做得这样好？"老兵便把这次海外贸易的经历详细汇报。张俊称许不已，进行了重重的赏赐，问他能否再去。老兵回答说："再去就要失败了，您还是让我回到后花园去养老吧。"

在这段故事中，张俊能拿出五十万给一个自称能做外贸的老兵，且不问如何使用，这种大气魄足以让老兵从容施展自己的聪明才智。这就是放心、放手所激发出来的人才效应。"用人不疑"这一原则的精髓，就是授权后的高度信任，关键在于放心与放手。

为什么有些领导者做的每一件事情，看上去都与"应当的"相悖，但在部门中却有着良好的工作氛围；有些则恰恰相反，做的事情本没错，部门氛围却很糟糕。其实关键就在是否信任。

据调查显示，有超过20%的职场人士对自己的顶头上司不信任，包括对他的承诺不信任、对他的能力不信任，以及情感上不信任……而且很神奇的是，这种不信任必定会同时在主管身上复制，之后再反射到下属身上，形成恶性循环。

也许有人认为员工信不信任上司无关紧要，因为他们必须按照上司的意图行事。但真正有管理经验的领导者都知道，员工对上司的信任与否，决定着员工最终的表现，甚至会直接影响整个团队的绩效。

李秋是市场部总经理，他有一个助理。前几天，李秋交给了助理一个任务：总结部门上半年的个人业绩，并做一个全面的部门总结。

助理如期将《总结》发到了李秋的邮箱。可是，令他大吃一惊的是，助理竟然没有将数据和去年做对比。李秋非常气愤地把她叫到办公室里，问："到底怎么回事，是不是根本没有重视这件事？还是认为这等小事对你来说是大材小用？"

助理感到很委屈，但并没有过多地解释，然后默默离开。过了一会儿，助理打来电话对李秋说，她刚才查了一下邮件的已发记录，数据对比在另外一个附件中。她刚才之所以没有解释，主要是以为自己忘发了，请李秋再看一下。

李秋赶紧又看了一下邮件，果然还有一个附件自己没有打开。发现自己错怪了下属，李秋赶紧回了一封邮件道歉，并表扬她总结得非常好。

很多领导者在管理上都存在上述问题。工作中之所以会出现误解，很多时候就是因为领导者对下属不信任。这种"有罪推论"的逻辑，不仅是对下属职业化素质的否定，还暴露了自己管理能力的缺陷。

在团队中，有什么比上下级间缺少信任更可悲的呢？作为一个领导者，如果不信任下属、不信任员工，那么下属、员工也就没有什么热情完成自己的工作，而且你也别想他们对你真诚。

信任下属不是一句空话，只有付诸行动，才能看见效果。有人说，最好的领导者是被下属充分信任的人，同样，最好的下属也是在企业中能得到领导者和同事充分信任的人。作为团队的领导者和领头人，该如何信任下属，并将你对员工的信任传导给他们呢？

1. 相信员工的人品

信任的第一点就是要相信下属的道德品质。"惠普之道"之所以广为人知，其中的关键元素之一，正是"信任"。

惠普成立初期有这样一个规定：仓库的大门要为每一个员工敞开，方便他们来寻找自己工作中所需要的工具，任何人无权上锁。

今天，其实很多企业已经在尝试更加多样的表达方式。例如，企业内部的饮料、食品可随意拿取，自行交费；再如，取消打卡机。作为领导者，应该在自己所辖的范围内，让员工感受到自己的基本道德品质绝对是可靠的。

2. 离下属"远"一点

这里所说的"远"不是指实际距离，而是指不要把下属看得太紧。有些领导者缺乏安全感，总要看到下属在眼前心里才踏实，甚至希望下属随侍在侧，小任务没完没了地随时布置。

要知道，并不是每个下属都是你的秘书，如此只会搞得下属紧张兮兮，不但会打断他们的工作节奏，还会让他们产生被监视的感觉。如此一来，下属如何感受到你的信任？所以，要想激发下属工作的积极性，就要相信下属自己的工作态度，认可下属正确的工作方法，该放手时就放手。

3. 最大限度地放行

不管哪个企业或部门，总会制定许多规定和程序，对一个团队来说，这是必要的。但是在你所辖的范围内，完全可以将这些程序简化。当下属兴致勃勃地提出一个想法或者想要进行某个创新、希望得到领导的支持时，而你非要让他按照流程办事，只会让原来简单的事情变得复杂，下属自然不会相信你是真心支持他。

创新总是要打破常规的，甚至某些日常工作也需要来点儿"个性化"。过于死板会让下属觉得你是在刻意制造障碍，千万不要犯这种低级的错误。

4. 放手让下属大胆去做

真正的信任是：相信下属会把事情办得很完美，相信他们会遵循你的原则；要让他们明白：如果下属确实把事情搞砸了，一定是因为你平时领导不力。

如果相信自己的领导力，就一定能相信下属的办事能力，何必事必躬亲、横加干涉？更何况，人有分工，尤其在某些专业领域，信任下属是最聪明的选择。信任本身就是一种鞭策，当给予下属信任时，他会感受到所担负任务的沉重。有了工作的责任感，自然会形成自我约束和自我管理。这也是"用人不疑"的要义所在！

5. 不要苛求责备

举个最简单的例子，如果某天上班时间到了，某位下属还没到，你会猜测他起床晚了，还是担心他在路上遇到了什么意外？这两种猜测表达的是你对下属两种截然不同的态度。

请相信，再笨的下属也能感受到其中的差异。如果信任下属，就不要总是做有罪假设，当他在工作中犯了错、走了弯路时，应给予提醒，而不要苛求责备。

6. 信任也要把握好度

作为一个领导者，必须牢记，信任不是"盲目地相信"，需要理性、合理。要尽你所能信任每一个人，但必须把握好度，不要滥用自己的信任。不仅要信任下属，还必须让下属知道：倘若他破坏了这种信任，将会带来严重的后果。

领导力小测试

你善于管理内部冲突吗？

通过下面的测试来看看你是否善于进行冲突管理吧！

1. 你认为对企业内的冲突：

　　A．都有必要进行管理。

　　B．无法全部管理，只要看到就会处理。

　　C．大多数可以忽视，只管理重要的冲突。

2. 你对冲突的理解是：

　　A．冲突是负面的，要严加控制。

　　B．该处理就处理，多一事不如少一事。

　　C．合理保持冲突水平。

3. 在冲突预防中，你对员工的个人处事风格、员工间搭配和员工与岗位的搭配：

　　A．没有注意。

　　B．有所注意。

　　C．十分重视。

4．在处理与别人的冲突时，你会：

A．直接而紧急地处理。

B．先弄清对方的想法。

C．先反省自己，再弄清对方的思路，找到解决问题的办法。

5．对于内部价值观的统一问题，你会：

A．觉得束手无措。

B．尽量统一价值观，减少冲突。

C．用文化来统一价值观，有不同意见的创新。

6．对一些无法解决或者问题严重的冲突，你会：

A．暂且搁置，等待缓冲。

B．采取相应的隔离措施。

C．如果冲突无法解决，只能对冲突主体严肃处理。

7．当同一部门的两个成员发生激烈冲突时，你的处理方式为：

A．回避。

B．找这两个人谈话。

C．将这两人调开，其中一人安排到另外部门。

8．面对一触即发的紧张局面，你的协调方式为：

A．马上着手解决矛盾。

B．分别进行单个处理。

C．着眼于冲突的层面，先不急于解决问题。

9．当发生冲突时，如果自己有错，你会：

A．保全自己的颜面。

B．淡化自己的错误。

C．有原则地迁就对方，化解冲突。

10．在制定政策与绩效考评时，你是否关注公平、平等：

　　A．没有刻意关注。

　　B．有所关注。

　　C．十分关注，因为员工的不公平待遇往往是冲突的根源。

测试结果：

标准：选A得1分，选B得2分，选C得3分，最后将分数加总。

24～30分：你善于进行冲突管理，善于做思想工作，针对不同的冲突状况会灵活处理；同时，也能够保持冲突的良性水平，这一点正是现代冲突管理方式有别于传统冲突管理的地方。

18～23分：你有一定的冲突管理能力，既能洞察冲突发生的可能性，又能正确对待已经发生的冲突，会尽量缓和与避免破坏性冲突的发生，积极引导和发展建设性冲突，合理地解决问题，使冲突结果向好的方向转化。

10～17分：要增加冲突管理意识，加强在实际工作中处理冲突的能力。研究企业冲突的产生原因和控制方法，是企业管理中的一个重要课题，要重视起来。

执行是强势
领导力的保障

执行效果的好坏，主要体现在结果的取得。要想提高执行效果，就要重视中层的"桥梁"作用，要充分利用"鲶鱼效应"来激发团队的活力；同时，还要将责任落实到具体的岗位，做好监督检查。提高了执行力，强势领导力的作用也就有了保障。

用"结果导向"增加执行的效果

日常工作中，在给下属下达任务的时候，很多领导者只想到如何完成此项工作，并不会思考最后的结果。因为很多人理解的结果是，公司的事与自己无关，只要做完本职工作就可以了。其实，不然！很多时候，结果才是老板真正想要的东西，才是关系到企业生存和发展的关键！

在俄国的一条道路旁，两个人在忙活：一个人每隔三公尺就挖一个坑，跟在他后面的人则会把刚挖好的坑回填起来。如此反复，两个人都累得满头是汗。

一个外国人经过这里，看到这个情景，问挖坑人："为什么你刚挖好坑，后面的仁兄就又把它回填起来呢？你们这是在干什么？"俄国人抹了一把头上的汗水，说："我们在种树。我负责挖坑，第二个人负责种树，第三个人负责埋土，不巧的是第二个人今天请假了。"

外国人说："这样岂不是白白浪费了力气？"俄国人回答说："这有什么值得奇怪的？我们不过是各司其职罢了。"

职责是对工作范围和边界的抽象概括，我们之所以要明确职责、规范流程，就是为了更好地获得结果。职责和流程要对结果负责，否则，即使表面上履行了职责，最终依然不会产生结果。没有结果意识，职责就是一纸空文，也就意味着失职。而要想增加执行的效果，就要以"结果"为导向。

1. 完成任务不等于结果

企业购买的是结果，也就是劳动的结果，而不是劳动。睡觉没有价值，睡着才有价值！没有轮胎，车是开不了的，开不了的车还不如走路的腿。在工作过程中，既要知其然，还要知其所以然，领导者要站在老板的角度去思考问题，要明白他们真正想要的结果，争取努力实现。这里有一个小故事：

寺庙里，有个小和尚主要负责撞钟。半年时间一晃而过，小和尚觉得无聊透了，他觉得寺院的生活就是"做一天和尚撞一天钟"而已。看到他无法完成撞钟一职，住持便将他调到了后院，负责劈柴挑水。

小和尚不服气地问："我撞的钟难道不准时、不响亮？"老住持耐心地告诉他："你撞的钟虽然很准时、很响亮，但钟声空泛、疲软，没有感召力。钟声主要是为了唤醒沉迷的众生，撞出的钟声不仅要响亮，而且要圆润、浑厚、深沉、悠远。"

为什么小和尚不能胜任撞钟一职？因为小和尚认为，撞钟就是住持与众生想要的结果。可是，住持与众生真正想要的结果不是撞钟，而是唤醒！撞钟是任务，唤醒沉迷的众生才是结果。要想唤醒众生，首先就要真正用心去撞钟！

同样，企业也是靠结果生存的，如果每个人都满足于苦劳，满足于"我尽力了，结果做不到我也没办法"，那么企业靠什么生存？

2. 行动创造结果，结果产生价值

行动不一定成功，但不行动永远也不会成功！很多领导者也拥有自己的想法和战略构思，可是将自己的想法实施并获得成功的人不多。其中，一个重要的原因就是他们想得多、做得少，没办法行动。

一位总裁曾讲过："一个机会摆在你面前，觉得有50%的把握去做，可以获得丰厚的利润；有80%的把握去做，可能持平或略有盈利；当你觉得有100%的把握再去做时，多半是亏损。"因此，不要盲目地追求完美，要先行动起来，之后再用行动来修正你的结果。

不要犹豫，立即行动，速度制胜！只要行动就会有收获，就会有结果，快速的行动更能让你得到想要的结果！执行就是要结果！即使是一个差的结果也比没有结果强，0.1永远大于0！

3. 失败是暂时的，绝不言放弃

陈安之老师曾讲过："没有失败，只是暂时停止成功！"

一只蝴蝶奋力地从茧子中挣脱出来，可是由于茧子的口太小，努力了很久，依然进展缓慢。有个人以为蝴蝶被卡住了，就拿起剪刀，把口剪大了一点儿。蝴蝶很快破茧而出，但是它的翅膀又干又小，躯体也很干瘪。

蝴蝶再也飞不起来了，只能颤颤巍巍地向前爬行。

其实，蝴蝶从茧中挣脱的时候，身体会分泌出一种液体。有了这种液体，它的翅膀就会变得丰满，就会学会飞翔。而这个人却借用自己的善心，帮了倒忙。

有时，短暂的失败也是自然规律发挥作用的结果。当失败是自然规律一部分的时候，消灭了失败，也就消灭了成功。蝴蝶在茧里挣扎，表面上是一种失败，其实它并没有失败。在这个过程中，分泌出液体让自己的翅膀变得丰满，才会实现真正的成功。因此，有时停下来思考并不代表你不往前走，而是为了走得更远。

让中层成为桥梁，而不是铁墙

中层领导者的"中"字，说明它在中间。既是领导者，又是下属，兼有领导者和下属的双重身份。除了具有管理职责、岗位职责外，还是员工与决策者上传下达的中坚力量。如果中层领导者不能发挥其应有的作用，则会对公司管理和决策的贯彻带来很大的阻碍。因此，一定要重视中层管理者的桥梁作用！

一家集团的CEO坐在自己的办公室苦思冥想，一脸疲惫。时间已经很晚了，其他人早已下班回家，只有他还在思索：为什么自己计划周密的战略最终会归于失败？为什么自己拥有行业中最出色的团队还是会失败？为什么各种准备都很齐全却无法成功？为什么……估计董事会已经不会再信任自己了，该怎么办呢？最糟的情况是自己一定会被开除的。果不其然，几个星期后，这名CEO被董事会解雇。

其实，这名CEO有着极高的天分，在他就职之初，董事会对其寄予了厚望，他也做了最好的计划和远景规划，提出的战略也被董事会看好。可是，最大的问题不是他提出的战略，而是他没有将自己的战略很好地执行，没有领导好中层管理者。

想法再好，没有行动，也只能是停留在文字和口头上，不能产生任何经济效益。即使你制订的计划多么周密、详尽，也只能起到一小部分作用，关键在于执行。上面例子中的CEO，在战略方面确实有着令董事会赞许的能力，可是虽然指挥着出色的团队，他却没能发挥好中层管理者的作用，没能将企业的战略变成现实，没能给集团带来效益。

中层管理者所处的中间位置，决定了他们作为企业战略执行者的地位。企业的成功取决正确的决策与有效的执行，二者缺一不可。因此，有效发挥中层管理者的作用，提高他们的执行能力，也就成了关系企业成败的关键问题。

有人曾经做过一个实验：

打电话给公司离职超过3个月以上的比较优秀的一批员工。以朋友的身份很真诚地请教一个问题："当初你离开公司的真正原因是什么？"

结果，意外发现，80%以上的人都说："我现在可以告诉你了，当初我离开公司的真正原因不是辞职报告上写的什么家庭原因、个人原因，真实原因是我和直属上司合不来，不是他看我不顺眼，就是我看他不顺眼。"

千里马常有而伯乐不常有！在管理的过程中，70%的明星员工都是被平庸的领导者折磨走的。从这个意义上来说，决定一个人能否取得卓越成绩的最大影响因素来自于他的直接上司，决定企业能否取得最佳绩效的就是中层领导。

中层是企业管理的核心力量，他们处于"上传"和"下达"的枢纽位置，企业的高效运作离不开他们；他们是企业乃至团队的核心力量，是连接"头脑"和"四肢"的"脊柱"。

因此，管理和提升中层管理者也就成了高层领导者的一项重要工作。

那么，如何才能发挥好中层的桥梁作用呢？具体来说，可以从以下几方面去做：

1. 提高中层的影响力

影响力是一种特殊的人际影响力，团队中的每个人都会去影响他人，也要接受他人的影响，因此，每个中层都具有潜在的和现实的影响力。

在团队中，员工的主观能动性，领导者与员工之间的积极互动，组织战略与经营目标的制定，都与中层管理者的领导能力直接相关！因此，要想发挥好中层的作用，就要提高中层的影响力。

2. 鼓励中层多学习

选择学习就是选择进步，没有学习力就没有竞争力，提高学习力就是增强竞争力、创造力、领导力。一位经济学家讲过这样一句话："不学习是一种罪恶，学习是有经济性的，用经济的方法去学习，用学习来创造经济、创造效益。"要鼓励中层领导者，从理论上、实践中和相互的交流中学习，不仅要掌握学习方法，更要端正正确的学习态度。

3. 引导中层提高变革力

变革是不可避免的，很多协作的、自组织的系统已经开始在全球范围内进行转变。过去的那种"命令和控制型"的中层管理者，已经很难在这种高度互联、合作的环境中生存下来了。

4. 鼓励中层提高协作力

要让中层管理者扮演好自己的"全球连接者"角色，不断地同员工、客户、思想领袖和行业的同僚保持联系，在组织内部分享智慧。

5. 提高中层的文化力

研究表明，拥有不同文化背景的人组成的团队会比来自同样背景的人组成的团队更有智慧。面对融合多种文化的人才团队，中层需要掌握一定的跨文化管理技巧。

善用"鲶鱼效应"，激发团队活力

关于"鲶鱼效应"，有这样一个故事：

挪威人喜欢吃沙丁鱼，尤其是活鱼。市场上活鱼的价格要比死鱼高许多，因此，渔民经常会想办法让沙丁鱼活着回到渔港。可是，虽然做出了很多努力，大部分沙丁鱼还是在中途因窒息而死亡。但有一条渔船，每次都能带回大部分活的沙丁鱼。

很多人都想一探究竟，船长严格保守着这个秘密，直到船长去世，谜底才揭开。原来，船长在装满沙丁鱼的鱼槽里放进了一条以鱼为主要食物的鲶鱼。鲶鱼进入鱼槽后，来到一个陌生的环境，就会四处游动。沙丁鱼看到鲶鱼后，就会感到十分紧张，左冲右突，四处躲避，加速游动……这样，沙丁鱼缺氧的问题就迎刃而解了，死亡率自然就减小了，一条条沙丁鱼便活蹦乱跳地回到了渔港。

其实，"鲶鱼效应"之所以会发挥出巨大的作用，主要就在于激励手段的应用。船长将鲶鱼放入鱼槽，为了活命，沙丁鱼就会不断游动。这样，沙丁鱼就会活着，船长也就能够获得最大的利益。在企业管理中，要想实现管理的目标，同样也要引入鲶鱼型人才。

在适当的时候引入一条"鲶鱼"，可以在很大程度上刺激团队战斗力的重新爆发。在这一方面，日本的本田公司就做得非常出色，值得我们借鉴。

有一次，本田对欧美企业进行考察，发现许多企业的人员基本上由三种类型组成：一是不可缺少的干才，约占20%；二是以公司为家的勤劳人才，约占60%；三是整天东游西荡、拖企业后腿的蠢材，占20%。

本田想，自己公司的人员中，缺乏进取心和敬业精神的人员则更多。如何才能使前两种人增多，使其更具有敬业精神，而使第三种人减少呢？如果完全淘汰掉第三种类型的人，不仅会承受工会方面的压力，还会使企业蒙受损失。其实，这些人也能完成工作，只不过与公司的要求与发展相距远一些，全部淘汰，显然行不通！

后来，本田先生受到鲶鱼故事的启发，决定进行人事方面的改革，首先从销售部入手。销售经理的观念离公司的精神相距太远，而且他思想守旧，已经严重影响到了下属。只有放进一条"鲶鱼"，才能尽快打破销售部的沉闷气氛，否则公司的发展必然会受到严重影响。经过周密计划和不断努力，本田把松和公司的销售部副经理、年仅35岁的武太郎挖了过来。

武太郎接任本田公司的销售部经理后，凭着丰富的市场营销经验和过人的学识，以及惊人的毅力和工作热情，受到了销售部全体员工的好评，员工的工作热情被极大地调动起来，活力大为增强。公司的销售出现了转机，月销售额直线上升，公司在欧美市场的知名度也不断提高。

本田对武太郎上任以来的工作非常满意，这不仅是因为他的工作表现，更重要的是销售部带动了其他部门经理人员的工作热情和活力。从此，本田公司每年都会重点从外部"中途聘用"一些精干的、思维敏捷的、30岁左右的生力军，有时甚至聘请常务董事一级的"大鲇鱼"。如此，公司上下的"沙丁鱼"都有了触电式的感觉，业绩蒸蒸日上。

不管是传统型团队，还是自我管理型团队，时间久了，内部成员由于互相熟悉，就会缺乏活力与新鲜感，从而产生惰性。尤其是一些老员工，工作时间长了就容易厌倦、懒惰、倚老卖老，因此，有必要找些外来的"鲇鱼"加入团队，制造一些紧张气氛。

从马斯洛的需求层次理论来说，人到了一定的境界，其努力工作的目的就不再仅仅是为了物质，更多的是为了尊严，为了自我实现的内心满足。所以，当把"鲇鱼"放到一个老团队里面的时候，那些已经变得有点懒散的老队员为了证明自己的能力，为了追求自己的尊严，为了维护自己的颜面，为了不让新来的队员在业绩上超过自己，就会再次努力。

而对于那些在能力上刚刚能满足团队要求的队员来说，"鲇鱼"的进入，会使他们面对更大的压力，稍有不慎，他们就有可能被清出团队。为了继续留在团队里面，他们也不得不比其他人更用功、更努力。

"鲇鱼"的重要性由此可见一斑！那么，如何利用"鲇鱼"效应来激活团队的活力呢？

1. 推行绩效管理创造"鲇鱼效应"

要想提高压力机制的有效性，关键在于员工的薪酬、发展和淘汰机制与绩效管理系统挂钩的紧密程度。科学有效的绩效管理系统提供的结果，能够为员工的培训与发展、个人生涯规划，乃至薪酬调整、晋升和淘汰提供准确、客观、公正的依据，真正起到"奖龙头、斩蛇尾"的效果，创造出压力的机制和氛围。

2. 在企业中构建竞争型团队

要想持续保持创新能力和竞争力，建立上下一心的团队是关键！成功的团队不但清楚部门的目标是什么，更会将部门目标和公司的发展目标结合起来。因此，为了鼓励公司部门之间的团队竞争，公司就要确定优秀部门、优秀员工、优秀管理人员等一系列评选标准，并认真实施。

要在团队内部设置一个有序的竞争环境，激发出团队的积极性，使公司的每位员工始终都处于饱满的工作状态。

3. 寻找公司的潜在明星并加以培养

可以通过绩效考核系统，在企业中找到有潜在能力的明星，并给予重点培养。公司内部的员工谁都会紧张，有了压力，自然会拼搏进取。由此一来，整个团队就会生机勃勃。

选择潜在明星的时候，要参考这样几条评考标准：有强烈的工作热情和工作欲望；具有雄心壮志，不满现状；能带动别人完成任务；敢于做出决定，并勇于承担责任；善于解决问题，比别人进步更快。

责任落实到岗，监督执行到位

管理，就是要将责任落实到人！

一天，宰相丙吉在都城内散步，他忽然看到有两个人在前面打架。两人都已经头破血流，却依然在继续斗殴。他没有出面处理这件事情，而是绕道离开。

没走出多远，丙吉就发现，路边有头牛正在不停地喘气。他停下来，想看看牛为什么喘气。随从感到大惑不解，就问宰相："您为什么不管人的事，而关心牛，难道牛比人更重要吗？"

丙吉回答说："虽然我亲眼看到了人打架，但那是都城将军的事情，他会处理好的。如果他处理不好，我就撤他的职，这也是考验他是否称职的机会。而牛喘气，可能是天气出现了问题，可能有灾害，事关天下的收成，这是我的职责，所以要格外关心。"

不可否认，宰相丙吉就是一个非常有智慧的人，他对职能职权的分配非常明确，对放权和集权的度也把握得恰到好处。他充分相信自己的手下，不越权管理，给了手下绝对的管理权，但最终的核心决策权依然掌握在自己手里。

129

从宰相丙吉身上，我们可以知道，在完善管理体系后，领导者要真正把工作落实到每个人身上，随便干涉下属的权限，是不利于工作开展的。

古语有言："下君尽己之能，中君尽人之力，上君尽人之智。"意思是指：平庸的领导者只会尽自己的力气做事，能力一般的领导者只会指挥别人按自己的指令去办，而聪明的领导者则能够充分发挥下属的才干和智慧，让他们自己去解决问题。只有优秀的领导者才会将责任落实到实处，才会对工作进行监督。

去过麦当劳洗手间的人都知道，麦当劳的洗手间是非常干净的！可是，很多其他餐厅的卫生间就没那么干净了。虽然打扫卫生是一个简单的工作，可是如果每天都要保持干净，就需要超强的执行力了。员工的执行力是把事情做好，管理者的执行力则是通过沟通检查，让员工把事情做好。

通常情况下，麦当劳卫生间的门后都会贴有一张表格，上面列着打扫人、检查人、检查时间等项目。如果卫生不达标，首先就要对检查者进行惩罚。制定这样的表格并不难，最难的是真正执行下去，尤其需要管理者的不断检查和监督。

检查下属的工作，是领导工作的重要一环，具体内容包括：检查下属对政策、计划、指示等的执行和落实情况，看看下属是否准确迅速、积极主动、卓有成效地完成了布置的各项任务。

此外，对工作的追踪、监督也是领导人执行能力的核心所在。执行力强的领导者通常都会带着宗教般的热情来监督自己的既定计划，他们会通过监督来检查工作的完成情况，并迫使人们采取相应的行动来协调整个工作进展。如果没有精力对某个项目进行彻底监督，就千万不要批准这个项目。

对工作的监督检查并不是一件单一的、孤立的事情，也是搜集信息、考察培养下属、推进工作、提高自身素质的方式之一，因此要认真对待！

1. 事先要有所准备

检查工作是一件严肃而细致的事情，如果一点儿准备都没有，心中无数，就不要进行，要提前准备好。所谓准备，就是对所要检查的工作，有一个大概的了解。不仅要熟悉相关的政策，还要对倾向性问题做到心中有数，以便更有针对性地进行检查。

同时，还要掌握检查的重点、关键部位和薄弱环节，否则就会收效甚微。

2. 确立明确的标准

检查工作没有标准，会让人感到无所遵循。一般来说，要以原来制定的目标和计划为标准，但是又不能把这个标准定死了。它既是确定的，又是不确定的。所谓确定的，是说必须将目标、计划作为尺度来衡量实际的工作情况，非此不称为检查工作；所谓不确定的，则是指不能牵强凑合，硬要让客观事实符合主观认识。

检查可以分为两步：第一步，以既定目标和计划为标准，对工作进展情况和绩效进行有效的衡量；第二步，以实践结果为标准，对其与原定目标的差距进行衡量，找出得失成败的原因，制定相关的纠正措施。

3. 掌握检查工作的常用方式

检查工作的方法有很多，在这里我们介绍三种：

（1）将跟踪检查和阶段检查结合起来

跟踪检查是指，伴随着计划的贯彻执行，紧跟着实施情况进行检查，及时发现偏差，随时解决；而阶段检查则是指，决策实施告一段落时，对这一阶段的结果进行检查，及时总结经验、教训，认真改进。

如果只抓阶段检查，没有跟踪检查，执行计划过程中很容易放任自流，失去控制。等到过程告一段落，再来纠正偏差，无异于亡羊补牢，必然会造成巨大的损失；反之，如果只抓跟踪检查，没有阶段检查，就无法看到比较完整的面貌，也就无法进行比较系统的分析。因此，必须把二者有机结合起来。

（2）将由上而下检查同由下而上检查结合起来

通常，决策目标、计划方案都是由领导者来决定的。对于某一项目的目的、意义、环节和措施，领导者一般都了解得最清楚；而计划的执行则是在基层进行的，对于执行计划在什么地方发生问题，以及产生问题的原因，员工了解得最深刻。

因而，为了调动上下级的积极性，检查总结工作时，就要把由上而下同由下而上结合起来，将领导者与员工结合起来，实现信息的双向交流。

（3）将班子检查与领导者检查结合起来

在企业管理的过程中，大多数领导者都不可能洞察出所有错综复杂的情况，即使是有才能的领导者，也无法靠自己来检查所有的工作、掌握所有的信息。所以，在检查工作的过程中，就要充分发挥反馈系统的作用，领导者亲自参加检查也是绝对必要的。

检查总结是领导者的一项职能，不亲自参与其中，也就无法深切了解和感受工作的执行情况。当然，也就不能充分发挥检查工作的作用，对于决策也会产生不利影响。

4. 要敢于表扬和批评

为了更好地调动下属的积极性，激励他们更加有效地完成工作，领导者在检查工作时，就要对下级的工作做出评价，或表扬，或批评，千万不要畏畏缩缩。

首先，要坚持原则，敢于讲话。要清楚是非，要分明功过；正解的，就要坚决支持；错误的，就要坚决纠正；好的要表扬，坏的要批评，不能含糊敷衍，模棱两可。

其次，要掌握分寸，不能过头。表扬员工的时候，要实事求是，留有余地；批评的时候，也要真诚中肯，恰如其分，不要抹杀了下属所做的努力和成绩。只有这样，才能让下属心服口服，不断改进工作。

强势领导力的三大作风

具有强势领导力的领导者，一般都不会为自己的过失找借口；在他们心中，一切皆有可能；会坚决完成任务，决不半途而废。而这三点也正好是强势领导力的三大作风。

不找任何借口

谈起中国体育史上的辉煌，中国人最难忘记的团队之一，恐怕就是曾经创造了"五连冠"奇迹的中国女排。他们之所以能够取得这样的成绩，就与这种"没有任何借口"的精神有关。

当时，袁伟民担任中国女排教练，他对女排队员要求很严。

郎平是女排的主攻手，不仅业务水平高，还乐于助人，经常会主动关心和帮助其他队员。有一次，郎平做完自己的练习，主动留下来帮队友补课。不知是太累了，还是没有全力以赴，不像自己训练时那样到位。没想到，袁伟民对她的扣球技术要求极其严格，让她练了一次又一次，甚至后来还被罚多做几组。郎平又气又累，抹起眼泪来。

按照常理，郎平主动陪练，应该得到表扬，可是她不仅没有得到表扬，反倒因为动作一时不到位而受到了惩罚。这不是很不公平吗？但袁伟民认准了一点：无论如何，都要以最高的标准来要求队员。他并不为郎平的眼泪所动，而是对她更加严格要求。

冷静之后，郎平想明白了，很快调整了状态，从下午5点到晚上9点，终于补出了一堂高质量的训练课。

可以说，女排的成功，正是整个团队没有任何借口、奋力拼搏的结果！

不管是个人，还是团队，在工作中，最需要拥有的精神就是"没有任何借口"！"没有任何借口"，这是职业化最基本也是最重要的素养！

优秀的领导者通常都不会抱怨，即使是在工作中遇到了问题，也不会抱怨公司或上司；更不会因为自己没有做好准备，或不善于做管理而自怨自艾；同时，他们还会接受下属对自己的抱怨……他们会把所有的精力都放在管理工作中，对他们来说，管理工作是充满挑战和乐趣的。

成功的领导者都不愿把精力浪费在给自己找借口上。在他们看来，任何借口都是苍白的，都是推卸责任的表现！日本松下集团的创始人松下幸之助就是一个从不找借口的人，他对自己如此，对员工也是同样要求。

松下幸之助不允许下属为工作上的失误找各种理由，要求他们敢于承认错误，大胆发现工作上的问题。因此，整个松下集团从上到下都没有形成找借口推卸责任的风气。

松下幸之助知道，找借口不如找方法。秉承着这样的理念，他建立了自己的精英团队。

面对问题，找借口并不能掩盖已经出现的问题，这些理由并不会减轻领导者所要承担的责任。与其千方百计地找各种理由来推卸责任，还不如想办法真正承担起责任，把出现的损失降到最低。

出现问题时，一味地找借口，比如："这是他的责任，与我无关。""在我审核这个文件之前，他就应该仔细审核的，我只是过过目而已。""客户太挑剔，否则早成交了。""经理没布置清楚。"……这些话如同毒药一样，会逐渐腐蚀整个团队的肌体，让团队变得松散、缺乏斗志。这是任何一家企业都非常忌讳的！

找借口是一种可悲的行为，是对恶劣的工作态度和不称职的工作能力的一种掩饰。长此以往，别人都在提高，而你却始终都无法胜任自己的岗位，只好眼睁睁地看着岁月流逝，错过各种机会。

其实，不管你找到的借口多么冠冕堂皇，工作任务没有完成总不是一件令人愉快的事。借口是一种消极态度，再美丽的借口都是借口，优秀的领导者都不会找借口！

没有不可能

成功者之所以能够成功，就是因为他们对"不可能"多了一份不肯低头的韧劲和执着。总是以"不可能"来禁锢自己，是无法取得成绩的，你的领导之路也不会走得很远。优秀的领导者在遇到难题时，永远都不会让"不可能"来束缚自己的手脚。有这样一个故事：

加拿大有一个小男孩叫瑞恩·希里杰克。有一天，他在电视上看到非洲有成千上万的儿童没有水喝，孩子们实在渴急了，就去喝残留在水凹里的脏水，甚至牲畜的尿！

6岁的瑞恩瞪大了眼睛，他根本不相信世上居然有人会喝不到干净的水，而且会因此死去。这时候，电视中传出来一句话："70块钱可以建造一口井！"瑞恩感到激动不已，他决定要为这些孩子们挖一口井！他想："明天，我就带70块钱来！"

电视节目结束后，瑞恩迫不及待地向爸爸妈妈伸出了手："妈妈，给我70块钱。"可是，妈妈根本就没当回事，瑞恩只好沮丧地走开了。一整天，电视中那些非洲孩子因饥渴而死去的画面都充斥着他的脑海。瑞恩每天都要向父母请求，好像不给他这70块钱，他就没办法生活下去一样。

爸爸妈妈于是重视起来，认真讨论这件事，然后告诉瑞恩："如果你确实想要这笔钱，可以自己赚，比如，打扫房间、清理垃圾，我们都会给你报酬。"从那以后，瑞恩每天都会利用业余时间做家务。渐渐地，家族里的人都知道了瑞恩的这个梦想。

瑞恩每天睡觉前都要祈祷：让非洲的每一个人都喝上洁净的水！附近居住的人也知道了瑞恩的梦想，大家都被瑞恩的执着所感动，纷纷加入了"为非洲孩子挖一口水井"的活动中。很快，瑞恩的故事就出现在了肯普特维尔的《前进报》。随后，《渥太华公民报》也刊登了同样的报道……瑞恩的故事迅速传遍加拿大。

一个星期后，瑞恩收到了一封陌生的来信。信封上写着"瑞恩的井"，里面有一张25万元的支票，同时还有一张便条："但愿我可以做得更多。"之后，没用一个月的时间，瑞恩就收到了上千万元的汇款。瑞恩没有想到，自己的这个梦想竟然成了众人拥护的一项事业。

2002年9月30日，瑞恩接受了加拿大总督克拉克森颁发的国家荣誉勋章；同年10月，他被评选为"北美洲十大少年英雄"。如今，瑞恩的梦想已经基本实现，在缺水最严重的非洲乌干达地区，大部分人都已经喝上纯净的井水了。

有个记者问瑞恩："是什么让你坚持做这件事情？"瑞恩说："我梦想着有一天，非洲的人都能喝上洁净的水。这是个很大的梦想。但我知道，只要真心向往，并且努力奋斗，就可以实现自己的梦想。我坚信，在这个世界上，没有什么事是不可能做到的。事实证明，确实如此！"

梦想和现实之所以存在一定的距离，排除偶然的不确定因素，多数原因是因为我们不敢也不愿意相信"虚幻"的梦想。但是瑞恩的经历告诉我们，在这个世界上，只要有所梦想，只要持之以恒，就没有什么不能实现的愿望。

在从事领导工作的时候，一旦遇到困难，很多人总会认为自己不可能克服，从而不敢去尝试。其实，事情也许并不是你想象中的那样，你所认为的"不可能"，只是你自己内心的恐惧，能否完成还要看你自己是否去尝试、是否尽力了。很多事情，如果以"必须完成"或者"一定能做到"的心态去拼搏奋斗，就一定能取得令人仰慕的成绩！

坚决完成任务

意志力是领导者最关键的核心要素！

进入21世纪以来，企业之间的竞争更多地表现在软资源、软实力的竞争。对于一家企业来说，在遇到问题和解决问题的时候，首先要坚定自己的信念。如果领导者在解决问题、做决策的时候思前想后，犹犹豫豫，就会失去解决问题的最佳时机。

神州数码从联想集团分离出来后，总裁郭为以"战略转型"为理念，加快了多元化电子产品的经营模式。但是，在过去的数年间，员工们一直都保持着传统的分销思维模式；而且，相应的管理模式也是基于分销体系建立起来的。因此，企业内部出现了很多问题。有些技术人员不满于经营模式的转变，扬言要集体辞职。郭为却意志坚定，反复地给技术人员做思想工作。

这时，联想集团董事局主席柳传志也打来电话，让郭为多考虑一下，三思而后行。郭为深知，柳传志是自己的伯乐，所以他开始犹豫了。为了更加确定自己的目标，郭为便对国际市场做了一次深入的分析。

结果发现，成长顺利的大型电子企业，员工都善于学习和反思；同时，许多公司都在开发包括软硬件维护服务、IT咨询等业务。郭为坚定了自己的想法，成功说服了柳传志来支持自己的多元化发展规划。

可是，当郭为的经营模式正式开始推行的时候，管理人员严重流失，但郭为毅然决然地坚持推行自己的发展规划。2003年，神州数码的手机业务遭遇重创，现金流告急。郭为顶住来自各方面的压力，以顽强的意志力，完成了管理体制的改革。

随着郭为的一次又一次的改革，员工看到了郭为改革的决心和顽强的意志力，于是纷纷调整思想，与郭为站在了一起。

企业的发展贵在决策者的顽强意志，不可否认，正是顽强的意志让神州数码的管理层和员工们熬过了一次又一次的危机。

意志力是现代企业管理过程中影响企业发展的最大因素，领导者能否在最大程度上发挥意志力的作用，是企业成败的关键。如果领导者无法做到这一点，就会与发展机遇擦肩而过，徒留遗憾。

只有拥有坚决完成任务的意志力，才能形成企业的生命力。如果没有一种百折不挠的意志力，如果没有坚持做下去的精神，浅尝辄止，半途而废，不仅问题无法得到有效的解决，企业的发展也无从谈起。

在企业的发展过程中，领导者不仅要迎难而上，要以开放的心态来迎接未来的挑战，更应该具备坚定的意志力。决策者的意志力直接影响着企业的执行力，当决策者的意志力足够顽强的时候，遇到问题时就不会当逃兵，更不会把困难留给别人。

优秀的领导者不仅具有良好的决策力和思考力，还有着顽强的意志力。

领导力小测试

你善于军事化管理吗？

世界上最优秀的管理在军队，测试一下你是否善于军事化管理吧！

1. 在执行时，你会：

   A. 带头执行，因为带头是关键，成员全部参与是基础。

   B. 交给下属去执行，并给予指点。

   C. 全权交给下属施行。

2. 在用人上，你倾向于：

   A. 用没有退路的人，因为他们通常都愿意全力以赴。

   B. 用与岗位要求相符的人。

   C. 用能力很强的人。

3. 在纪律上，你认为：

   A. 企业成员要自觉遵守和执行纪律规章制度。

   B. 要在纪律的框架下自由发挥。

   C. 适当强调纪律即可。

4. 对于员工的责权，你认为：

   A. 要将工作落实到每个员工身上，让员工有使命感。

B．应该充分放权。

C．责权不需很明确。

5. 关于企业的制度，你认为：

A．企业发展依靠的是制度，要用制度明确分工与合作。

B．既要有制度，又要有民主。

C．让员工享有民主权利更重要。

6. 关于管理和考核：

A．你们有严格的管理制度和考核手段。

B．你们的管理和考核不是很严格。

C．你们的管理和考核十分不严格。

7. 在生产活动的全过程和日常管理中，你会：

A．积极引用军事管理所特有的组织形式和行为准则。

B．没有特意去安排军事化的组织和准则，但有类似做法。

C．没有军事化的组织和行为标准。

8. 在不影响企业正常工作的前提下，你会对员工逐步训练？

A．是的，希望企业通过训练达到行动军事化、行为规范化、工作
标准化。

B．有时会进行有目的的训练。

C．很少有。

9. 你会要求员工统一着装，显现出独特的精神面貌？

A．是的，用统一服装来显示团队的整齐划一。

B．有一定要求，但不是很严格。

C．没有服装要求。

10. 关于晋级制度和违规处罚，你会：

A．有严格的晋级制度，同时也有严格处罚。

B．有一般的奖罚机制。

C．奖罚不十分严格。

测试结果：

标准：选A得3分，选B得2分，选C得1分。

24～30分：你有着很大的权威和控制力，很善于军事化管理，可以充分调动集体的战斗力，可以产生立竿见影的效果。但是，为了满足企业长期发展的需要，要不断加强企业的人性化建设。

17～23分：你谈不上有强硬的军事化管理作风，可能你所处的行业比较特殊，不一定适用军事化管理。在管理上，有的企业崇尚军事化，有的则笃信人性化，各有优劣。

10～16分：你不善于运用军事化管理方法。美国西点军校产生了很多商业精英，这与他们的军人作风有关，值得借鉴。

具备强势领导力，
要有超强说服力

领导下属的过程，也是一个不断说服的过程。与下属沟通，如果啰啰唆唆、含含糊糊，忽视了演说的技巧，不仅无益于工作的安排，还会给问题的解决带来不利影响。因此，要想打造强势领导力，提高说服力异常重要。

精辟诚恳的语言更受欢迎

沟通，贯穿在企业管理的始终，优秀领导者与拙劣领导者之间的区别就在于，其能否与下属实现有效的沟通。那么，领导者该如何实现与下属的有效沟通呢？精辟而真诚！如果领导者说出的话繁杂，说起来没完没了，下属会抓不住重点，且还会给下属留下不良印象，减少领导者的威信。

并不是讲话就能实现有效沟通，只有掌握了沟通技巧，才能实现有效沟通。与下属沟通也是如此！在和下属沟通的时候，领导者要认真思考，多多锤炼语言。

言不在多，达意则灵！讲话越精辟，越精彩；讲话越短，越能给人留下深刻印象。与下属沟通需要掌握很多原则，其中之一就是，少说废话，态度诚恳！

进入IBM后，郭士纳非常重视下属的沟通。他曾这样说："很有必要为我们公司上司与下属的沟通和交流打开明确的连续的渠道。"但是，对于IBM这种大规模的公司，CEO要与每一位下属坐下来进行面谈是不现实的，郭士纳想了一个办法——发送和回复电子邮件。

上任后，郭士纳就给IBM公司的所有下属都写了一封信，他在信中说："在未来的几个月中，我打算走访尽可能多的营业部门和办公室；而且，只要一有时间，我就会去和你们会晤，共同商讨巩固和加强公司的办法。"

在邮件中，郭士纳不仅向下属讲述了自己的计划，还给他们传递了信心。正是在这种坦诚的互动交流中，郭士纳加深了对企业和下属的了解，参考员工的有益建议，做出了很多高明的决策。

郭士纳的例子是一个成功的典范，这个范例告诉我们，和下属沟通要言简意赅，只要将意思表达清楚即可；同时，态度还要诚恳，不能虚伪。因为任何不诚恳的沟通，下属都能感受出来。

沟通不仅是一个高明的技巧问题，还是态度问题。领导者应该放下身段，以平等的姿态与下属沟通。唯有真诚，才能进行有效的沟通；唯有真诚，上下级关系才可能持久；唯有真诚，团队才会形成真正意义上的凝聚力。

感情、真情就是语言的灵魂！真挚而健康的情感可以感染听众，良好真诚的语言才能够产生亲切感，才能让人感受到你的魅力、受到你的鼓舞，最终按你的指示行动。

多说"我们"，而不是"我"

说话时，把"我的"变为"我们"，可以巧妙地拉近双方的距离，对方才更容易接受你和你的话。如果不管下属的反应如何，只是一个劲地提到"我"如何如何，必然会引起对方的反感；而只要稍微改变一下，把"我"改为"我们"，就会获得对方的好感。

会说话的人，在语言传播中，总会避开"我"字，而用"我们"开头！

调查显示，人们每天最常用的是"我"字。人们之所以对"我"字特别关心，就是因为大多数人都喜欢被人称赞，喜爱称赞自己。因此，如果想得到你所希望得到的，就不要与对方争高低，要维护他人的自尊心。为了使对方的面子不受伤害，就不要常把"我"字挂在嘴上，别说"我公司"，而说"我们公司"。

在管理过程中，"我"字讲得太多并过分强调，会给他人留下突出自我、标榜自我的印象，这样，在你和下属之间就会筑起一道防线，形成障碍，影响下属对你的认同。因此，在和下属沟通的过程中一定要少说"我"，多说"我们"！

年底公司召开总结会议，同学应邀参加。可是，他很快就发现，在老板讲话的前3分钟内，一共用了28个"我"，他不是说"我"，就是说"我的"，如"我的公司""我的团队"等。

老板发言完毕后，走到了台下。同学走上前去对他说："很遗憾，你失去了所有员工。"

老板怔了怔说："我失去了所有的员工？没有呀，他们都好好地在公司上班呢！"

"哦，难道这些员工与公司没有任何关系吗？难道公司只是你一个人的吗？"

"我们"表达的是对同事的认同，可以消除上下级的心理隔阂，下属更容易与领导者形成一种合作的意识和共鸣。如果领导者说话时随时随地说"我"字，领导者是很难受到欢迎的。"我"字讲得太多，只会在上下级之间筑起一道心理防线，影响下属对领导者的认同。

谈话时，多讲"我们"，才能使员工同领导者站在同一条战线上，为团体的目标共同努力。要想提高领导力，要想让自己和他人在感觉上同时变得更强大、更有力量、更投入，就要运用好"我们"，而不是"我""我的"。那么，如何在说话中巧妙使用"我们"？

1. 说话时要用"我们"开头

在员工大会上，与其说："我最近做过一项调查，我发现40%的员工对公司有不满的情绪，我认为这些不满情绪……"倒不如将上面这段话中的三个"我"字转化成"我们"，如此效果就会大不一样。说"我"有时只能代表你一个人，而说"我们"代表的是整个公司，代表的是大家，员工自然容易接受。

2. 尽量用"我们"代替"我"

为了缩短你和大家的心理距离，促进彼此之间的感情交流。很多情况下，可以用"我们"一词代替"我"，例如，"我建议，今天下午……"可以改成："今天下午，我们……好吗？"

3. 必须用"我"时，语调要平缓

不可避免地要讲到"我"时，语气要平淡，既不要把"我"读成重音，也不要把语音拖长。同时，目光不要逼人，不要眉飞色舞，不要得意，要把讲述的重点放在事件的客观叙述上，不要突出做事的"我"，否则，会让下属觉得你自认为高人一等，觉得你在吹嘘自己。

讲话简明扼要，决不含糊

很多时候，啰唆一堆不如精炼一句，语言在精不在多，这是语言沟通的要点。口才最差的人可能就是喋喋不休的人，但是他可能认为自己很棒。其实，如果想要真正地把自己的话说得高效，就必须让自己的语言很简练，这样才能让对方很快明白你的意思。

讲话掷地有声，是人们对于领导者最高的评价。领导者最为重要的内在素质之一就是要果断，不管说话办事，都要干脆利落、坚定不移，既不拖泥带水，也不犹豫不决。能把一句屁话讲得掷地有声的领导者，往往更

能获得不错的回报。

虽然我们都无法确认奥巴马将总统的工作做得怎么样，可是，一旦上了演讲台，他就会像打了鸡血一样，形成巨大的气场，听众就会跟着他不自觉地激动和微笑。

"我有一个梦想"，这话谁都会讲，可是马丁·路德·金讲出来，就会发出一种摄人魂魄的功效。只要他一上台，台下上万人都会"high"得手舞足蹈、泪流满面。

很多领导者讲话都非常有水平，既擅长有效传递信息，又能恰当地制造氛围，让讲话充满说服力。

说话是一门艺术，也是一门学问。领导者讲话应该是"一是一、二是二"，坚定果断，切不可含糊不清。讲话响亮，不仅可以提高自己的说话水平，还能够增添自己的说话魅力；讲话缺乏有力的语气，就会缺少阳刚之气，会给人留下拖拖拉拉的印象。

在办公室谈话，态度亲切自然，下属才不会过分紧张；在公开场合讲话，威严有力，才会产生极强的震慑力。谈话中，即使下属处于主动地位，优秀的领导者也不会表现得唯唯诺诺，被对方左右：对方错了，明确反对；对方有道理，不急于表态。

那么，如何才能做到这一点呢？可以从以下几个方面做起：

1. 描述事情要具体

事情说得越具体，讲话会越生动。比如，与其简单地说有一辆车，不如说有一辆加长版的土黄色奥拓。准确的描述会让听众脑海里产生画面，同理，当你和下属提到某件事情的时候，如果不说清楚事情的原委，就会显得力度不够，效果也要逊色许多。只有将事情具体准确地描述出来，下属才更容易信任你，才容易让你表达的内容有镜头感，易于将下属带入情境中。

很多时候，具体准确的描述是一种好的铺垫，能自然地引出核心意思。如果说话缺乏控制感，经常会忽略了这一点，总是急于表达核心意思，缺少铺垫。直奔主题往往显得唐突！要掌握好沟通过程的控制力，学会使用一些形象的比喻。

2. 讲话要有逻辑性

如果讲话的时候，缺乏逻辑性，听者就会不明所以。讲话的核心逻辑是一次讲话只能有一个主题，不要担心是否单薄，一次讲话能讲清楚一个论点就很不错了。即便有点偏差也不要担心，求全责备才是最容易失败的。

3. 多阅读，长知识

如果你无法在短时间内提高自己的知识储备，又想让讲话显得不肤浅，有一个办法，就是不要过多使用解释性语言。过多地使用"因为""所以"，不仅会产生讽刺听者智商之嫌，也容易让你的表达显得幼稚。

4. 学会制造气氛

资料显示，当众讲话的成功，50%取决于内容，50%取决于激情。凡是在美国公司待过的人，一定能深刻理解这一点：一个领导者要想秀出强烈的个人魅力，就得靠演讲。只要某个领导者能够喊出"Change"（改变）或"Yes, we can"（是的，我能）之类充满感召力的口号，他就会被认为是一个领袖型的领导者。

5. 注意说话方式

讲话的说服力很大一部分取决于说话的方式，包括声音、表情和身体语言。通常情况下，骨架大、声线雄浑的人更容易让人信服，麻秆型、声线干细人的可信度就低一点。

同时，讲话时的手势也有讲究，比如：肩部发力，显得比较有力；胸腔发力，则有亲民范儿；打手势的时候，要注意幅度，不要让动作喧宾夺主。

"由谁说"比"说什么"更重要

与人沟通，"由谁说"往往比"说什么"更重要！

有一次，李明和一个朋友到餐厅吃饭。吃着吃着，隔壁桌的客人和服务生吵起来了。原来，服务生不小心将汤水洒在了客人身上，服务员当即道歉，并要求客人将衣服脱下来，他拿去处理，处理好了立刻归还。可是，客人依然不依不饶，说："你们店是怎么服务的？端个汤都能洒在别人身上，叫你们经理来，这事没完……"客人完全不听服务生的道歉和解释。

后来，经理来了，客人完整陈述了事实，情绪平静了不少。经理听完，首先给客人表示道歉，之后要求客人将衣服脱下来，由工作人员清理他的衣服，请客人继续用餐。

客人也没有继续闹，这事就这么过去了。

从整件事情的发展来看，服务员和经理说话的意思相差无几，可是为什么同一位客人前后态度相差那么大？因为不同的人说同样的话会产生不同的效果。服务员是小角色，他说的话根本没有受到正视，但是当经理再说同样的话时，客人能够正视经理，进而正视经理说的话。

很多领导者在工作中都遇到过这样的情景：

在一次讨论会上，经理将自己的观点与创意向与会人员表达出来，大家却没有做出任何反应。接下来，一位令人尊敬的领导说了类似的话，却得到了人们的一致肯定。

表达的意思完全相同，得到的结果却完全不同。为什么？核心就在于：不是你说了什么，也不在于你是怎么说的，而在于是谁说的。因此，在表达时，除了要知道"怎么说比说什么更重要"外，更要知道"由谁说"的重要性！

不同的人说相同的事情时，即使表达方式一样，其效果也会相差很大。那么，通常情况下，由谁说更好呢？这就要取决于"什么事"和"向谁说"了。因此，问题的核心不在于我们说了什么，也不在于我们是怎么说的，而是在于是谁说的。

1. 根据具体事情来确定"由谁说"

在最终确定"由谁说"的时候，首先就要明确知道具体的事情是什么。然后，根据不同的事情性质来决定该"由谁说"。

（1）如果是职权范围内的事，可以自己直接去说。但如果超出了自己的职权范围，并且由自己说不太合适，就可以请他人去说。

（2）如果自己所做的事，可以通过自己和别人的沟通得到解决，就可以自己直接向别人说。但如果此事的难度显然已超出了你的范围，由你说很可能说不通，就可以借助他人的力量，由他们帮你疏通。

（3）虽然此事在自己的职权范围内，也是自己力所能及的事情，但是非常重要，如果别人不重视，很可能会出问题。这时，为了加强各方面的重视，也可以请老板或高层领导者来说。

（4）如果要说的事专业性很强，为了更加准确地向他人说明，也可以直接安排由专业人员来说。

2. 根据对象来确定"由谁说"的问题

每件事面对的对象都是不同的，在确定事情究竟该怎么说的时候，就要看看你面对的对象是谁。以此为依据，面对不同的对象，也可以由不同的人去说。

（1）如果面对的对象是下属，大多数情况下，你直接说比较好。但是，有些工作除了你说以外，还要请他人（包括上级）来帮你说，比如：想进一步挽留下属，在你做不通思想工作的时候，可以请跟上级和下属关系密切的人来帮你说。

（2）如果要向直接上级说一些事情，最好自己直接说；如果想向上级的上级汇报或请示工作，最好由你的上级去说，除非你的直接上级不重视或者置之不理。

（3）要和同级的人说事，如果能够沟通，就自己说；如果沟通不了，就让上级来帮你说。

（4）如果要和客户沟通事情，能准确回答的，或者很有把握的事，可以跟客户直接说；如果你没有把握，就要请相关人士来说。

说服"婆婆妈妈"的下级有绝招

很多下属在讲话的时候，没有中心，没有重点，重复拖沓，过分认真，过分追求完美，讲话啰唆，沟通效果可想而知！通常情况下，人们都喜欢自己说，而不喜欢听他人说，如果下属说话婆婆妈妈，领导者就会觉得受不了。这时候，该如何应对呢？

周一下午，市场总监周梅正在给手下的四个部门经理开会，周梅对销售部经理小夏说："最近一段时间，你们部门的活动有些多，客户的满意度也有所降低，你有没有找找缘由？"

"哦，周总监。如今的年轻人承受力差，说两句就受不了。客户满意度的事，可能是近来售货有问题。周总监，我想大概训练一下。我觉得自己工作非常努力，尽管上来的时间短，可没有浪费时间。我想，是不是咱们应该再招聘些人、筛选一些人，相互影响……"

小夏说话有点语无伦次，周梅听得脑子里一团乱麻。周梅提示说："你还没有回答我的提问呢。我是要你剖析一下人员的改变，把客户满意度降低的事总结一下。"

小夏浅笑着说："嗯，是呀！我是这样想的，服务质量是公司命脉，要抓，必定要有所改进。我觉得，把他们分分组，然后教一教。人的事你放心，调整一下，鼓舞一下，你看是吧？在处理客户王先生的单子时，我就对他们说，要把握客户，就得先听……"

……

走出会议室的时候，周梅的脸都歪曲了，叹着气："我真服了小夏了，怎么她说话永远都不在正题上呢？不管什么事，都是叨叨半晌、杂乱无章，都不是我想听的……"

有的下属向领导汇报工作时，为了显示自己做了多少努力，就会夸夸其谈、滔滔不绝，把过程说得很辛苦。其实，汇报工作时领导最想听的是最终的结果。只要对结果满意了，即使下属不说过程，领导也会体会到下属的苦与累。反之，即使下属说得再多，结果不尽如人意，也只能让领导觉得：这个人怎么这么烦！

作为领导者，如果遇到啰啰唆唆的下属，就要多对他们做出正确的引导！

1. 认真听，多引导

当下属来和你沟通工作的时候，一定要先让他说出来，然后仔细听。即使下属确实表达不清楚，或者采用了不恰当的表达方式，或者逻辑关系紊乱……不管是哪种状况，领导者都要搞清楚，下属为何说不清楚。

如果经过调查发现，下属确实不善于表达，在与他交流时，就要尽量给他创造一个宽松的语境；如果发现他是表达方式不当，在过程中就要给予一些提示，引导他使用正确的方式方法来处理问题；表达时，如果下属表达逻辑不清，就要花点时间进行积极的引导了。

当然，这里的引导既不等于批判，也不是指个大方向，而是要给下属理出一个头绪，让他可以顺着说下去。一旦头绪清晰了，下属就可以顺着头绪和你交流。之后，在下属说的过程中，适时地进行协助调整。一旦发现他的思路跳动了，就要及时地将他拉回来。不能下属已经偏离主题十万八千里了，你还在跟着听。经过这样的引导，下属的思路就会开阔起来，说话也会进入领导者所希望的轨迹。

2. 引导下属说下去

一般来说，当领导者引导一段时间后，有些下属会对领导者产生依赖心理。你不引他不说，怕说错了。怎样才能让下属交流下去呢？从引出话题，发展为交出答案。在这个过程中，要不断地给下属理清头绪，时间长了，下属就能够循着你的头绪交流了。

同时，在引导的基础上，领导者要逐渐削减言语量，让下属在自己的引导下逐渐变成谈话的主讲人。只要没有偏离了主题，就要给下属提供足够的空间和时间，鼓励他们说下去。

3. 确定好交流的时间

许多上下级的沟通之所以会以失败告终，就是因为上级不会在点题后停止论题，无法把握交流的弹性。好的上下级交流，通常会依据交流的必要性、重要程度，来确定交流的时长。一旦实现了交流的目的，实现了本次交流的意图，交流起来也就容易多了。

停止谈话的办法有很多，比如，在下属表述到一个阶段时，对他说："好，关于这个疑问，今天就谈到这儿吧！回去后再整理一下你今天所说的，交一份具体陈述给我。"每次沟通都要有一个清晰的预期，目的完成了，就要立刻结束，否则，只能是浪费彼此的时间。

讲话前，领导者一定要做到"知己知彼"。要把握下属的心理活动、心理状态、兴奋点、心理疑点、心理需求、心理特点和弱点等，抓住要害，一语中的，让下属在心理上产生震撼。

领导者必须是优秀的演说者

当今社会，不管是身处竞争激烈的商战，还是面对企业内部的员工，领导者需要进行公众演说的场合越来越多。不可否认，演说能力已经成为领导者树立个人魅力、提升个人影响力的重要武器。但是，很多领导者却感到心有余而力不足，不知道如何在短时间内有效提升自己的演说能力，比如：

如何才能在各种会议上沉着镇定、侃侃而谈；

如何才能在各种社交场合应声而起、畅所欲言；

如何才能在下属面前言谈得体、慷慨陈词；

如何才能发表具有感染力的演说，有效激发团队的执行力、战斗力和凝聚力；

如何才能避免讲话杂乱无章、语无伦次、枯燥无味、全场昏睡；

……

优秀的领导者都有很好的演讲能力，特别是那些著名的政治家，无一例外都是演讲高手！比如，马云的每一次演讲，都会引起众人的关注。他曾不止一次地在公开场合演说，一边口若悬河地演讲，一边调动现场的氛围。

小米的创始人雷军，也是一个很善于表达的人。他慈眉善目，慢条斯理，只要一站到讲台上，就会从产品讲起，讲到产品即服务、信息即服务、社会化营销……短短几年，小米便从一个无名品牌翻身成了名牌，这跟雷军的言论表达是分不开的。

在这样一个时代，必须加大与消费者的沟通。领导者不能躲在背后默不作声，必须成为一个有魅力的领导人；而要想成为一个有魅力的领导者，首先就得成为一位出色的演说家。

联想创始人柳传志说过："光说不练假把式，光练不说傻把式，能说能练真把式"。所以，要做一个优秀的领导者，首先就要做个演说家！

要想提高自己的语商，成为语商很高的语言天才，就要具备以下六大能力：

1. 善于看

多看可以为多说提供素材，因此，如果想提高自己的演说能力，就要提高自己看的能力，比如：可以看电影、书报、电视中的语言交谈类节目，可以看现实生活中各种生动感人的场景。

看得多了，不仅可以陶冶情操、丰富文化生活，还可以学习到其他人的说话方式、技巧和内容。特别是那些影视、戏剧、书报中的人物对话更值得我们学习。这些资料都源于生活、高于生活，可以为你的演说提供范例。

2. 善于听

听是说的基础，听的能力，可以为说的能力打下坚实的基础。

要想提高自己的演说能力，首先就要养成爱听、多听、会听的好习惯，比如：多听新闻、听演讲、听别人说话等，这样就可以获取大量、丰富的信息。这些信息经过大脑的整合、提炼，就会成为语言的丰富源泉。

3. 善于想

想是让思维条理化的必由之路。职场中，很多时候我们不是不会说，而是不会想。想不明白，就说不清楚。在说一件事、介绍一个人之前，最好认真想想事情发生的时间、地点和经过，想一想人物的外貌、特征等。有了比较条理化的思维，才会让自己的语言更加条理化。

4. 善于说

说是语言表达能力的最高体现。只有多说，你的语商能力才会迅速提高。一个人的演讲能力主要与他的演讲次数成正比，与其他因素无关。也就是说，即使是一个口才很笨拙的人，只要不断地去演讲，不断地练习，也会成为演讲高手。

5. 善于背

背诵不但可以强化记忆，还能训练你形成良好的语感，因此，在改善自己演说能力的过程中，就要逐渐提高自己的背诵能力。比如，可以尝试着多背些诗词、格言、谚语等。这些文字性的东西，内涵丰富、文字优美，背诵得多了，不仅会在情感上受到滋润、熏陶，还可以让自己的语言变得更加正确而生动。

6. 善于编

会编善说是想象力丰富、创造力强的一个重要体现。为了提高自己的语言思考力和说话能力，就要养成良好的编写习惯。

领导力小测试

三种领导方式的测验

自我测试一下，看看你大体上是采用哪一种方式领导和管理企业的。（每题用"是"或"否"回答。）

1．你喜欢经营咖啡馆、餐厅这一类的生意吗？（　）

2．把决定或政策付诸实施之前，你认为有必要说明理由吗？（　）

3．在领导下属时，你认为，与其一方面跟他们工作一方面监督，还不如多做一些计划草拟细节等管理性工作。（　）

4．在你们部门有一位新人，你知道那是下属最近录用的人，你会不介绍自己而先问他的姓名。（　）

5．流行风气接近你的部门时，你会让下属追求。（　）

6．让下属工作之前，你一定会把目标和方法提示给他们。（　）

7．与下属过分亲近会失去下属的尊敬，所以还是远离他们比较好，你认为对吗？（　）

8．部门打算去郊游，大部分人都希望星期三去，但是从许多方面来判断，你认为还是星期四去比较好。你觉得，不要自己做主，还是让大家投票决定好了。（　）

9．当你想要部门做一件事的时候，即使是一件按铃招人即可做的事情，一定也会以身作则，以便他们跟随你做。（　）

10．你认为要把一个人撤职，并不困难。（　）

11．越能够亲近下属，越能够好好领导他们，你认为对吗？（　）

12．你花了不少时间拟定了某一个问题的解决方案，然后交给一个下属。可是，他立刻就开始挑这个方案的毛病。你对此并不生气，但是对于问题依然没有解决而觉得坐立不安。（　）

13．你觉得，充分处罚犯规者是防止犯规的最佳方法吗？（　）

14．假设你对某一情况的处理方式受到批评，你认为与其宣布自己的意见是决定性的，不如说服下属请他们相信你。（　）

15．上班期间你是否会让下属为了他们的私事而自由地与外界人员交往？（　）

16．你认为，每个下属都应该对你抱忠诚之心吗？（　）

17．与其自己来解决问题，不如组织一个解决问题的委员会，对吗？（　）

18．不少专家认为，在一个群体中发生不同意见的争论是正常的。有人则认为，意见不同是群体的弱点，会影响团队的团结。你赞成第一个看法吗？（　）

测试结果：

如果1、4、7、10、13、16题答"是"多，说明你在管理团队中具有专制型倾向。

如果2、5、8、11、14、17题答"是"多，说明你在管理团队中具有民主型倾向。

　　如果3、6、9、12、15、18题答"是"多，说明你在管理团队中具有放任型倾向。

强势领导者要有
超强的团队掌控力

　　管理企业其实就是领导者带领团队攻克一个又一个难关、解决一个又一个问题的过程，因此，优秀的领导者一般都是团队的掌控者。他们不仅会将不同的工作分配给不同的人，还会保持团队的平衡；不仅会大胆任用人才，还会以理服人、以情感人。因此，在这样的领导者管理下，团队往往更容易做出成绩。

分配工作精准是强势领导力的表现

只有把员工的才能充分发挥出来，很好地满足各岗位的要求，才称得上是成功的领导者。如果把性格内向的人安排去做销售，把擅长技术的人安排去做公关，既无法得到理想的结果，又会打击员工的积极性，影响到团队的士气。优秀领导者在给下属分配工作的时候，会异常精准！

将工作分配给合适的员工，也是强势领导力的一个重要表现！将一项工作安排给不适合的人，不仅会给员工带来困难，还不利于工作的完美执行。那么，如何对工作进行分配呢？J·W·李·M·皮尔斯提出了有效分配系统的七个步骤。如果能够认真地遵守这些步骤，就能够提高自己的管理能力，提高企业的效率，把自己从具体的事务中解放出来。

步骤一，确定需要分配他人去做的工作。

在给下属分配工作之前，首先要认真考察一下要做的各种工作，确保自己理解这些工作都需要做些什么、有什么特殊问题或复杂程度如何。如果没有完全了解这些情况和工作的预期结果，最好不要轻易分配工作。同时，还要向处理这件工作的下属说明工作的性质和目标，保证下属通过完成工作可以获得新的知识或经验。

步骤二，明确能够胜任工作的人。

任何一项工作，都不是所有的下属都胜任。那么，如何才能找到胜任工作的人呢？为了找到能够胜任工作的人，就要对下属进行完整的评价。

可以花几天时间让下属用书面形式写出他们对自己职责的评论，让下属诚实、坦率地告诉你：他们喜欢做什么工作？能做什么新工作？

可以召开会议，让下属介绍自己的看法，并请其他人做出评论。在评价的过程中，需要掌握两点：

（1）了解下属完成工作的速度，看看下属对自己的工作究竟了解多少。如果下属非常了解自己的工作，并且远远超出了你原来的预料，他们就具备担负重要工作任务的才能和智慧。如果你对下属的分析正确无误，就可以为具体工作选择合适的人选了。

（2）决定是把工作做得好还是快。确定了这种决策目标后，就可以明确能够胜任工作的人是什么样的人。这样，才可能让最有才能的下属发挥出最大的作用了。

步骤三，确定分配工作的时间和方法。

1. 时间

给员工安排工作的时候，如果选错了时间，虽然可能方便领导者，但会打消下属的积极性。比如，上午上班后的第一件事便是分配工作。

下属来上班之前，通常都会做好自己的当天计划，一上班就接到新工作，不仅要改变原定的日程安排，还需要调整工作的优先顺序，这样只会大大浪费时间。

分配工作的时间最好选在下午，要把分配工作作为一天中的最后一件事来做。这样，下属就可以为明天的工作做准备了，还方便他们为完成明天的工作做出具体安排。同时，下属带着新任务回家睡觉，第二天一到办公室就可以集中精力处理工作了。

2. 方法

分配工作是一种人情事儿，如果想把重要的工作交给某个下属去做，最好面对面进行。

面对面地分配工作是最好的一种分配方法！如此分配工作，不仅方便回答下属提出的问题，还能够及时获得信息的反馈，更能够充分利用面部感情和动作等形式强调工作的重要性。只有那些不重要的工作，才可以使用留言条的形式进行分配。

步骤四，制订一个确切的分配计划。

在具体安排工作之前，要制订一个确切的分配计划，比如：谁负责这项工作？为什么选某人完成这项工作？完成这项工作需要花费多长时间？预期结果怎样？完成工作需要的材料在什么地方？下属怎样向你报告工作进展……

同时，还要把计划达到的目标写出来，给下属一份，自己留一份备查。这样，可以使上下双方都了解工作的要求和特点，不至于将工作理解错了。同时，要让这种分配计划对分配工作的全过程进行有效指导。

步骤五，将合适的工作分配给合适的员工。

将工作分配好了，不仅能节约时间，还可以在下属中创造出一种畅快的工作气氛，因此，就要将合适的工作分配给合适的员工。

1. 告诉他，为什么要选他完成某项工作？

在分配工作之前，要把选他完成某项工作的原因讲清楚，关键是要强调积极的一面。不仅要向员工指出，他的特殊才能是适合完成此项工作的，还必须强调你对他的信任。同时，还要让下属知道，他对完成工作任务所负的重要责任，让他知道完成工作任务对他目前和今后在企业中地位的直接影响。

2. 告诉他，这项工作的具体情况是什么？

在解释工作的性质和目标时，要将自己知道的有关事项都告诉员工。如果没有讲完所掌握的信息，很容易给下属设下工作的陷阱，要把所有的目标全部摆出来，比如：谁要求做这件工作的、要向谁报告工作、客户是谁等。要把自己在这个工作领域的体验告诉下属，让他们了解过去的一些事情是怎样处理的、得到了什么结果等，让下属理解所希望得到的结果。

3. 告诉他，完成工作的期限是什么？

给下属规定一个完成工作的期限，同时要告诉他，只有在最差的环境下才能推迟完成工作的期限。

要跟他讲清楚，完成工作的期限是怎样定出来的，为什么说这个期限是合理的。另外，要制定一个报告工作的程序，让他在明确的时间带着工作方面的信息向你报告工作；同时，要直接告诉他，你对工作的期望结果是什么。

步骤六，及时检查下属的工作进展。

对下属的工作进展进行检查是需要一定技巧的，检查太勤会浪费时间；对分配出去的工作不闻不问，则会出现更多的问题。

针对不同工作，要制订不同的检查计划，这主要取决于工作的难易程度、下属的能力和完成工作需要的时间。如果某项工作难度很大，并且是最优先的，就要时常检查进展情况，每一两天检查一次。这样，才有利于工作的开展，且不浪费时间。

除了定期检查工作外，还要认真倾听下属的意见。要让下属知道你对他的工作很关心，并愿意和他一起讨论工作中遇到的各种问题。一般来说，既然把某项工作交给了下属，就要相信他能胜任这项工作。因此，每周检查一次工作足够，但要鼓励下属遇到问题时来找你。

步骤七，检查和评价工作分配系统。

员工将工作完成以后，要在适当的时间对工作的完成情况进行评价，及时发现问题，及时改进。可以成立一个小组，让小组成员对他们在分配工作中的表现进行有效评价。最好让大家用书面形式把意见写出来，然后召开一个小会，对这些书面意见进行讨论。

团队的平衡有助于提高工作成效

说到团队的平衡，人们通常都会想到《西游记》的四人组：

唐僧是团队的领导者，忠厚正义，仁爱礼让，信念坚定。如果不是潜心修炼的得道高僧，观音菩萨怎会选他去取经？唐僧虽然没有高强的武艺，经常会遇到危难，时时需要人保护，却能够把桀骜不逊的孙悟空、偷奸耍滑的猪八戒、样子凶恶的沙和尚凝聚到一起，足见其人格魅力的伟大。

孙悟空是团队中的一员，为人正直，骁勇善战，敢打敢拼，毫无畏惧，是三界内少有的大英雄。在追随唐僧西天取经的过程中，身经百战，屡立大功，忠心耿耿。虽然曾经三番五次地被赶走，但依然没有忘记师徒之恩，只要师傅遇到了危险，便会第一个出手相救。就现代团队管理来说，悟空绝对是工作能力最强、业绩最突出的顶梁柱。

猪八戒是唐僧的第二个徒弟，地位仅次于孙悟空，搞笑、圆滑、好吃、懒惰，能力不佳，却很受师傅的偏爱。猪八戒天生就是孙悟空的死对头，可是当孙悟空被生气的师傅赶走之后，他又从中调解。八戒曾经是天蓬元帅，和各路神仙都认识，社会关系广泛。在现代团队中，八戒绝对是个出色的公关人员，能够处理好各种复杂的人际关系。

沙僧任劳任怨、默默奉献，既没有出现过精彩的打斗场面，也没有说出一两句搞笑的台词，但是其作用也不可小觑。悟空虽然武艺高强，但不善长水下敌战，在水下和敌人打斗的时候就需要沙僧出手了。在师傅遇难、悟空受困时，八戒嚷嚷着要分行李，可是沙僧却立场坚定，劝说师兄搭救师傅。以现代观点来看，沙僧是对团队有较高忠诚度的专业技术类人才。

......

就是这样一支由四种不同性格的成员组成的一支团队，克服重重困难，最终去西方取回了真经。不可否认，这样的团队才是真正平衡的团队！

当团队进入成熟期后，保持动态平衡是领导者必须坚守的原则。这时候，团队成员之间的关系已经达成了一种默契，彼此之间能够互相支持、互相合作、求同存异。但如果领导者不能将保持动态平衡看作是发展成熟团队的标尺，一旦遇到困难，团队就会失去既有的本色。

曹操兴师西征平定汉中的时候，孙权受到诸葛亮的鼓动，乘虚而入，亲自率领军队对曹操的后方进行了突袭，一举夺得了皖城，并乘胜前进，直逼曹操的东征根据地——合肥。

守将张辽感到忧心忡忡的时候，收到了曹操派人送来的一个木匣，上面写着四个字：贼来乃发！当孙权率十万大军逼近合肥时，张辽等人打开木匣一看，书中指出："若孙权至，张、李二将军出战，乐将军守城。"

当时，远在千里之外的曹操为什么要送个木匣，对守卫合肥的将领做出如此具体的安排？曹操知人善任，对三位战将的性格修养、用兵特点和作战能力都非常清楚，并且对他们三人之间平时的隔阂也是异常了解。这样做，在大敌当前的背景下，促成了张辽、李典、乐进等几位将军的精诚团结和优势互补，取得了率兵御敌的最佳效果。

果然不出曹操所料，受命之后，张辽坚决执行曹操以攻为守的战略决策，愿意亲自出去，和敌人"决一死战"；李典向来与张辽不合，对于张辽提出的建议，开始的时候一句话不说，后来为张辽的行为所感动，愿意听从指挥，反映了他公而忘私、豪爽直率的性格；乐进是个中间人物，对张、李都不敢得罪，有点怯战，看到张、李二人的意见一致，也就不甘落后了。

在兵临城下、人心恐慌的紧要关头，曹操的一封书信使三位将军同心抗敌，把不可一世的吴军打得七零八落。

　　一般来说，在每个领导者的周围都有几员得力的干将，占据着重要部门的重要位置。事实证明，如果得力干将和领导者的性格相似、趣味相投，企业很容易出现问题；凡是性格互补的，企业发展都比较健康。

　　一般来说，成长中的小企业，管理都比较简单，为了让企业快速成长，自然可以使用和自己一样的人。可是，一旦企业发展起来，就要用和自己互补的人，让不同的意见发生碰撞，这样企业才能做大做强。

　　互补是一种美，不同性格的人组成的团队，才能实现平衡。感性的领导者对员工进行鼓动，理性的部门经理认真执行；外向的领导者对员工进行激励，内向的经理认真操作；领导者多思考、多决策，部门经理则积极实践……这才是完美的配合，才是企业成长的必备。古人说：一阴一阳谓之道，其实，管理的道也是如此，阴阳平衡，才能实现团队的平衡。

用人不拘一格，不能求全责备

　　清代著名诗人龚自珍出身书香门第，其外祖父是清代最著名的文字学家段玉裁。道光十九年（公元1839年），龚自珍因不满朝政，放弃了官职，离开京城回到了家乡——浙江仁和。一路上，看到田园荒芜、商业衰败、人民困苦不堪，龚自珍不由得感到一阵悲凉。

　　有一天，龚自珍走到镇江的南郊，看见一群人正在这里举行仪式，向玉皇大帝和雨神求降雨。一位白发苍苍的老者握笔凝思，准备写一篇祈雨的文章。龚自珍凑了过去，老者忽然把笔放下，双手合十念道："阿弥陀佛，大手笔来也！"原来，这位老者是龚自珍的老朋友。龚自珍没有推辞，大笔一挥，写下了著名的诗篇：

九州生气恃风雷，万马齐喑究可哀。

我劝天公重抖擞，不拘一格降人才。

龚自珍之所以会写下这首诗，是因为他知道，人世间的灾难大多数都是人为造成的，主要就在于统治者昏庸无道、用人不当。祈雨是没用的，即使降了雨，也只能解决一时的问题，朝廷的根本问题是人才的选用问题。没有人才，或有人才而不用，天下是永远不会太平和富强的。

"我劝天公重抖擞，不拘一格降人材。"这句话给现代企业管理以重要的启示，很多企业在实施人才管理的时候，都会坚持这一原则——不拘一格降人才！

索尼公司创始人之一盛田昭夫，选用人才的时候从来都不讲资历，只要是人才，进来第一天就敢重用。他也不看重文凭，甚至为了表明自己对文凭的看法，还写了一本《让文凭见鬼去吧》的书。

户泽圭三郎是盛田昭夫的远房亲戚，名古屋大学毕业，有一次盛田与他谈起了开发录音机磁带的计划。当时，户泽还不知道磁带录音机是什么东西。当他从盛田带来的录音机里听见自己的声音时，感到非常惊奇，并产生了浓厚的兴趣。

盛田知道，户泽有着很强的研究精神，便邀请他参与开发录音机磁带的项目。户泽有些犹豫，盛田知道户泽的好胜心很强，便故意刺激他说：

"我这里什么资料都没有。"户泽一听这句话，顿时来了精神，说："没有资料，没有参考书，我就参加！"就这样，户泽进入了公司。结果，户泽为研制录音磁带的项目立下了汗马功劳，在公司获得了领导地位。

有王霸之才的人，一般企业都愿意任用！有些人确实有大才，可是也有明显的性格缺陷，这种人用好了是个宝，用不好是个精怪，只有具备王者气象和超强统御力的人才可以将这种人的潜力充分挖掘出来。

用人的目的是为了将自己的事业做大，因此，选人的时候就要从需要出发，从观念上打破条条框框的束缚。此外，还要根据自己的经济实力和用人能力，找到相配的人才。庙门太窄，容不下大佛；腕力太弱，缚不住真龙；只有选用适宜的人才，才会取得最理想的效果！

由此可见，"不拘一格降人才"是一条多么重要的用人标准。同时，在这句话的基础上，我还想加上一句：不能求全责备！金无足赤，人无完人！有的人工作有魄力，可是不够老练；有的人足够老练，又可能不太灵活；工作机灵的人，可能不稳重；过于稳重的，可能开拓意识不强……因此，使用人才的时候就要认清主流、辨析支流，要大胆使用，委以重任。

春秋时期，齐桓公对与人争利、作战逃跑后而又怀有箭杀之仇的管仲不记前仇，坚持用其长，委以重任，使管仲竭心尽力，使齐国一统天下，称雄一时。

纵观历史，凡用人求全责备皆不得成事，而"贵适用，勿苛求"的都取得了伟大的功勋！

世界上没有十全十美的人，每个人都既有优点，又有缺点。恃才傲物，是很多人容易犯的错误；有大才能的人往往不拘小节；有特殊才能的人往往有着怪异的癖好。才能越高，缺点暴露得越充分。有高山必有深谷，应该用其所长，避其所短。

求全责备的用人态度，不仅会压抑人的工作积极性，还会阻碍人的智能充分发挥。不仅会使人谨小慎微、不思进取，阻碍人的创造性思维与创造性想象力的发挥；还会使工作人员缺乏活力，"死水一潭"，缺乏竞争能力和应变能力；更会造成人才，特别是优秀人才的极大浪费。

古人说得好，"水至清则无鱼，人至察则无徒。"求全责备是领导者用人的大忌！任何人都有短处，一旦受到求全责备的种种非难，其工作的主动性就会受到抑制，其潜力也就无法得到充分挖掘，做出的成绩就会受限，这是不利于企业发展的。

有功必赏，有错必罚

"赏罚分明"这个成语指的是，该赏的赏，该罚的罚，要将事情处理得清楚明白。如果想实现对下属的高效领导，就要赏罚分明。关于"赏罚分明"，有这样一个典故：

僖负羁是曹国人，曾经救过晋文公的命，是晋文公的救命恩人。因此，晋文公在攻下曹国时，为了报答僖负羁的恩情，就向军队下令：不准侵扰僖负羁的家，一旦违反，就处死！

大将魏平和颠颉不服从命令，带领军队包围了僖负羁的家，并放火将屋子烧了。魏平爬上屋顶，想把僖负羁拖出杀死。不料，梁木承受不了重量塌陷，正好把魏平压在下面，无法动弹。幸好，颠颉及时赶到，才把他救了出来。

晋文公知道这件事后，非常生气，决定依照命令处罚。大臣赵衰向晋文公请求："他们两人都替国君立下汗马功劳，杀了可惜，还是让他们戴罪立功吧！"晋文公说："功是一回事，过是一回事，必须赏罚分明，才能使军士服从命令。"于是，晋文公便下令革去了魏平的官职，又将颠颉处死。

从此以后，晋军上下都知道晋文公赏罚分明，再也不敢违抗他的命令了。

"国家大事不过是赏罚而已。"这是唐太宗在《贞观政要》中的名句。古人在论述理政之道时，经常会将赏与罚同时提出来，因为二者是一个问题的两个方面，互为表里，相辅相成。只有赏罚得当，才能取信于下属，使人进有所得、退有所失。

蜀后主建兴六年（公元228年），诸葛亮为了实现统一大业，发动了一场北伐曹魏的战争。他命令赵云、邓芝等占据了箕谷（今陕西汉中市北），自己则率领10万大军突袭了魏军据守的祁山（今甘肃）；同时，任命参军马谡为前锋，镇守战略要地街亭（今甘肃秦安县东北）。

临行前，诸葛亮再三嘱咐马谡："街亭虽然很小，但关系重大，它是通往汉中的咽喉。失掉了街亭，我军必败。"同时，还给他提出了具体指示："靠山近水安营扎寨，谨慎小心，不得有误！"

马谡骄傲轻敌，到达街亭后，打算违背诸葛亮的指令，想将大军部署在远离水源的街亭山上。副将王平说："街亭一无水源，二无粮道，如果魏军围困街亭，切断水源，断绝粮道，蜀军就会不战自溃。一定要遵令履法，依山傍水，巧布精兵。"

可是，马谡不但不听劝阻，反而自信地说："人们都知道我熟知兵法，连丞相有时也得向我请教，而你生长在戎旅，怎么会懂得兵法？"接着，又得意地说："居高临下，势如破竹，置死地而后生，是兵家常识。将大军分布到山上，使之没有回旋的余地，这是致胜的秘诀！"

王平再次劝谏说："这样布兵是非常危险的。"马谡看王平不服，更加生气了，说："丞相委任我为主将，部队指挥由我负责。如果失败，我甘愿革职斩首，绝不迁怒于你！"

魏明帝曹睿知道蜀将马谡将要占领街亭，便立刻派出骁勇善战的张郃领兵抗击。张郃带领军队来到街亭，侦察到马谡舍水上山，心中非常高兴，立即指挥军队切断了水源，掐断了粮道，将马谡部队围困在山上，然后纵火烧山。

蜀军饥渴难忍，军心涣散，不战自乱。张郃乘势进攻，很快便击败了蜀军。马谡丢失了街亭，战局骤变，诸葛亮不得不退回到汉中。

总结此战失利的教训，诸葛亮痛心地说："用马谡错矣！"为了严肃军纪，诸葛亮下令将马谡革职入狱，斩首示众。临刑前，马谡上书诸葛亮说："丞相待我亲如子，我待丞相敬如父。这次我违背节度，招致兵败，军令难容，丞相将我斩首，我罪有应得，死而无怨……"

诸葛亮看完后，百感交集，心如刀绞；可是，如果免除了他的死罪，又会失去人心，无法实现统一天下的宏愿。于是，他强忍悲痛，对马谡实施了刑罚，自己则将其儿子收为义子，全军将士无不为之震惊。

运用到今天的企业管理中，这种赏罚分明的历史传统依然管用。作为领导者，对员工做到赏罚分明是很重要的。如果因为人情包袱，赏罚不明，团队是无法建立追根究底、坦诚互信文化的。

领导者只有办事公正，赏罚分明，掌握赏罚的艺术，才能真正做到赏罚公平，才能出色地打造自己的团队。可是，作为领导者，要做到办事公正、赏罚分明，并为下属所信服，仅讲原则还是不够的，还要讲究一定的艺术性。那么，如何才能做到赏罚分明呢？

1. 有功必赏

如今，很多企业都存在一种普遍的情形：员工上班时慵慵懒懒，下班后却生龙活虎，似乎从一上班开始就在等待着下班时间的到来。为了解决这种问题，为了激励员工继续努力，很多领导都推出了一系列方案。可是，要想取得一定的成效，还要采取有效的激励措施，从根本上提高员工的工作激情。如何做到这一点呢？

（1）给员工的奖励要在一定程度上满足员工在某些方面的需求，比如，了解员工希望从工作中得到什么；要多沟通，直接询问员工的需求与期望。这样，就可以在一定程度上做到按需奖酬，就可以有效激励员工。

（2）奖励的多少要和员工的工作业绩相互联系起来。奖励员工的目的是为了使员工的行为有助于企业目标的实现，奖励与员工的的工作绩效没有进行联系，也就失去了意义。

2. 有错必罚

对于企业或者团队来说，规章制度所起的作用与法律在社会中的作用一样，违反了这些规章制度，必然要受到纪律处分，所以要确立一个公平公正的纪律处分程序。

惩罚是一种负强化手段，而奖励是一种正强化手段，二者是共生的，缺一不可。当确实要对下属进行批评时，必须注意当时的场合和氛围，不要伤了和气，要给对方留面子。另外，可以变惩罚为奖励，这样才能达到更好的激励效果。

以理服人，以情感人

管理，就是让他人做事的艺术！作为管理者，要使团队具有战斗力，不仅要具备良好的个人品质和职业素质，更应具备卓越的管理艺术，用自己的人格魅力感染下属，使下属在理解的基础上尊重和服从，从而有效地形成合力，取得成功。

优秀的领导者一般都懂得以情感人的重要性，在整个企业管理过程中，他们会充分注重人性要素，充分挖掘下属的潜能。

康熙皇帝很喜欢微服出巡探查民情。每次出巡的时候，康熙都会带上护卫，其中，最靠得住的便是魏东亭。

有一次，康熙巡视河道时，不小心得罪了恶人。

恶人摆出一副凶神恶煞的样子，要打康熙。康熙转头，看到魏东亭正在呆头呆脑地望着，不知如何应付这种突发事件。康熙抬起手，"啪"的就是一记耳光。他对魏东亭说："主辱臣死，你懂吗？难道要朕亲自动手？"一句话提醒了魏东亭，魏东亭立即出手解围。

晚上，康熙休息的时候，想起白天发生的事，便将在外站岗的魏东亭叫进来，说："东亭！你到灯前来吧！"魏东亭不明所以，想到今天的一巴掌，战战兢兢。

当魏东亭走近的时候，康熙说："让我瞧瞧！"康熙一边看他的脸，一边说："一直以来，朕对待下属都非常仁慈，今天却无端打了你……"

魏东亭听了，倍感亲切，一股热气涌上心头，连忙跪下，说："主辱臣死，是奴才的过失！"

康熙又说："你是不是感到很委屈？有委屈就哭出来吧！哭一场就舒服了……"

康熙的这段话，说得情真意切，魏东亭本来有很多怨气，但看到皇帝和自己如此交心，异常佩服。从那以后，他对康熙更加忠心了。

《孙子兵法》记载，兵圣孙武要求为将者应具备"智、信、仁、勇、严"五个方面的才能，强调将帅不仅要拥有威武之仪，还需要怀揣仁爱之心。批评会使人有不同反应，有人因此努力奋进，有人因此心灰意冷，有人因此恼羞成怒，因此，领导者必须既善于批评，又善于抚慰。下属犯错误时，该挥舞大棒就绝不婆婆妈妈；但"棒"打之后，还要用"胡萝卜"善后。

"大棒"是以理服人，"胡萝卜"是以情感人。一枝一叶总关情，即使因为工作的事情批评了员工，也要在工作中多为员工提供一些帮助，在生活中对其多一些关心，如此必然会培养出团队上下级之间深厚的感情，员工就会产生"受人滴水，报之涌泉"的感激之情，提高工作的主观能动性。

管理要讲制度，但是不能讲制约；管理要讲人性，但是不能讲人情。在制度合理的地方，需要人性化来弥补；在人性不可控的时候，需要制度化来约束。那么，如何才能做到这一点呢？

1. 以理服人

成功的领导者不仅能够与员工融洽地沟通，以情感人，还能以理服人。在团队管理中，领导者要公事公办，虽然以情感人，但不能感情用事，要清楚地划分公私界限，不要把个人的偏见带到职场上；同时，不能求全责备，要充分认识到下属的长处和短处；还要认真听取下属的意见，尊重员工的意见，凡事讲道理。

2. 以情感人

中国人向来注重人的情感因素，重视个人的心理和情感，所以将"情"运用到管理中，符合中国人的传统习惯。作为领导者，要注意与员工的情感沟通。

员工刚进企业时，领导者就要发挥个人作用，鼓励新员工尽快融入团队之中，给予关心和照顾，激励他们在团队中发挥自己的特长；当下属做出成绩时，要恰当地赞扬下属，可以与他进行真诚的沟通，赞扬并感谢他为组织所做的贡献；当员工犯错误时，要尊重员工的失败，不能因为员工犯一个错误而否定他的所有。

3. 以法制人

万物皆有"法"，"法"代表了准则和规范。成功的团队，通常都有着明确的准则，可以保证组织的和谐发展。

领导有领导的原则，不要越级指挥！下达命令时，首先就要弄清楚自己的目标；同时，下达的命令一定要清楚明白，让员工明白无误地执行命令。模棱两可的命令只会造成资源的浪费！

领导力小测试

你的性格是否适合担任领导者？

你有做领导者的才能吗？你的性格是否适合担任领导者呢？现在就来测试一下吧！

1. 一个客户来到你的办公室，又踢又嚷，想把每个人的头发揪下来。你怎么办？

  A. 情愿让其他人来提出解决方法，也不想因为其他事出了问题而引火上身。……5分

  B. 想想看，该由谁来应付？如果别人都不在，你会镇静地走向那个客户。……0分

2. 团队工作需即时确定一个召集人，目前的问题是："谁将代表你们团队呢？"此时会出现的情况最可能是：

  A. 同级同事纷纷推举你领导这个小组，你取得了压倒性的胜利。……0分

  B. 你立刻将食指指向离自己最近的人。……5分

3．某大学职业顾问与老板接洽，想请公司一位领导者做嘉宾发言人，前往他们的职业讲坛介绍你们的行业，你会：

  A．立刻将手举得比房间里任何人都高。……0分

  B．马上将自己藏到桌子后，因为你的事情已经够多了。……5分

4．老板忽然决定将一个VIP项目委派给你，你做的第一件事情是：

  A．马上要求一套规章，然后排除万难竭尽全力地按章行事。

   ……5分

  B．向老板要一个最后期限，请他做一些说明，然后列出自己该做的事。……0分

5．在办公室用餐区用餐时，发现两位同事正吵得面红耳赤，你会：

  A．事不关己，高高挂起。……5分

  B．找机会与他们谈一谈。……0分

6．每天，当你决定穿什么去上班时，你会：

  A．用最新潮的服饰将自己打扮得最时尚。……5分

  B．穿得像你的老板一样。……0分

7．对于你，一个典型的工作日会怎样度过？

  A．对工作日安排有个大致的概念。你有一个工作清单，上面列有一系列目标，计划到每天、每月、每年。……0分

  B．你来到办公室时，时间正好。你会冲到自己桌前，处理目前看起来最紧急或最重要的事情。……5分

8．不管你如何卖命地工作，但：

  A．永远落在计划后，经常到了最后期限还未完成工作，不断要求延长期限。……5分

B．似乎永远觉得不够你干的。……0分

9．在会议中，你常常会：

A．提问、做报告或提出建议。……0分

B．心不在焉。……5分

10．当你接电话、做报告、回电子邮件及准备其他商务文件时，你会：

A．使它尽可能清晰明了、准确无误，同时检查语法和礼仪是否规范。……0分

B．尽量使它像对话似的自然。……5分

测试结果：

0～15分：你天生是做领导者的料。你的LQ(领导商数)在职场里高高在上。你看起来是领导，感觉是领导，而且做着领导的事。周围的人也很清楚这一点。

20～35分：你有领导素质，但喜欢在安全的范围内发挥作用。你能应付责任、能做决策，但你不想做这些事。

40～50分：你向往稳定的生活，不喜欢风险，因此，更喜欢听从命令而不是发布命令。

声明：本书由于出版时没有及时联系上作者，请版权原作者看到此声明后立即与中华工商联合出版社联系，联系电话：010-58302907，我们将及时处理相关事宜。